Wolfgang Swat Das Feuerdrama von Cottbus

Wolfgang Swat

Das Feuerdrama von Cottbus

Authentische Kriminalfälle aus der DDR

Bild und Heimat

Von Wolfgang Swat liegt bei Bild und Heimat außerdem vor:

Tödliche Spreewald-Liebe *und 13 weitere authentische Kriminalfälle* (Blutiger Osten, 2020)

ISBN 978-3-95958-364-0

1. Auflage dieser Ausgabe

Umschlaggestaltung: capa
Umschlagabbildung: Chris Keller / bobsairport
Druck und Bindung: GGP Media GmbH, Pößneck

SUPERillu

In Kooperation mit der SUPERillu
www.superillu-shop.de

Inhalt

Zum Buch

Alle in diesem Buch geschilderten Kriminalfälle haben sich tatsächlich zugetragen. Die Namen von Tatbeteiligten und Tatopfern sowie von anderen an den Fällen beteiligten Personen wurden aus datenschutzrechtlichen Gründen verändert. Übereinstimmungen oder Ähnlichkeiten zu anderen lebenden oder verstorbenen Personen wären rein zufällig. Ausnahmen sind kenntlich gemacht. Die im Buch enthaltenden Dialoge sind inhaltlich korrekt wiedergegeben, wurden jedoch, wenn geboten, sprachlich überarbeitet.

Vielfach wird nach dem Schicksal von Hinterbliebenen der Verbrechensopfer gefragt. Diese zu ermitteln und zu befragen, war dem Autor im überwiegenden Teil der Fälle nicht möglich. In Einzelfällen wurden Kontakte abgelehnt.

Nicht alle der in diesem Buch dargelegten Kriminalfälle haben sich in der DDR ereignet. Sie hatten aber fast alle von den Biografien der Täter her ihren Ursprung in der DDR. Es ist ein Anliegen dieses Buches, anhand authentischer Kriminalfälle publizistisch darzustellen, wie Polizei und Justiz nach der Wende in der ehemaligen DDR die schwierige Phase des Zusammenwachsens und der Neuordnung des Behördenaufbaus gemeistert haben.

Ich bedanke mich herzlich bei der Generalstaatsanwaltschaft des Landes Brandenburg und der Staatsanwaltschaft Cottbus für die unbürokratische Unterstützung.

Wolfgang Swat

Rasender Hass

Der Beschäftigungslose Lothar Kahl wird angeklagt, durch Totschlag vorsätzlich das Leben eines Menschen vernichtet zu haben.

Der Anklage der Staatsanwaltschaft Cottbus widerspricht der Angeklagte Kahl bei der Verhandlung im Juni 1991 vor dem Bezirksgericht Cottbus nicht. Mit einer Einschränkung: Was sich in der Nacht vom 29. zum 30. Juni 1990 in der Wohnung seiner Mutter abgespielt habe, daran habe er »keine Erinnerung«, sagt er.

Das Leben des inzwischen zweiundvierzig Jahre alten Lothar Kahl war, bei allen Höhen und Tiefen, die es bereithielt, bis dahin wenig auffällig. Als Gewalttäter ist er nie in Erscheinung getreten. In seinem Strafregisterauszug gibt es keine einzige Eintragung.

Geboren und aufgewachsen im sorbischen Dorf Tranitz bei Cottbus, das 1983 vom Braunkohletagebau geschluckt wurde, verlebt er unbeschwerte Kinder- und Jugendjahre. Er meistert alle zehn Klassenstufen der allgemeinbildenden Schule, erlernt den Beruf des Bäckers und arbeitet anschließend im Backwarenkombinat Cottbus. Noch mehr als das Backen von Brot, Brötchen und Kuchen interessiert ihn jedoch die Musik. Vor allem Schlagzeug und Bass sind seit dem fünfzehnten Lebensjahr seine große Leidenschaft. Bereits 1970 heiratet der einundzwanzigjährige junge Mann und wird Vater von zwei

Kindern. Die Ehe hält aber nur fünf Jahre. Nach der Scheidung kehrt der verlorene Sohn nach Tranitz ins Elternhaus zurück und versorgt dort Haus, Garten und Kleintierhaltung. Vom Bergbau vertrieben, siedelt die Familie in ein Haus am Stadtrand von Cottbus um. Seine große Leidenschaft, die Musik, macht er 1985 zu seinem Beruf.

Lothar Kahl sehnt sich nach neuer Liebe und Geborgenheit. Eine feste Partnerschaft gelingt ihm nicht. Zweimal noch lebt er mit Partnerinnen im elterlichen Wohnhaus zusammen, zweimal flüchten die Frauen jeweils nach nur zwei Jahren des Zusammenseins. »Die sind von meiner Mutter aus dem Haus geekelt worden«, wird er später vor Gericht aussagen.

Statt weiblicher Harmonie und familiärem Zusammenhalt wird Alkohol im Hause Kahl heimisch. Unter Alkoholeinfluss kommt es immer öfter zum Streit und auch zu Handgreiflichkeiten zwischen Mutter und Sohn, bei denen die alte Dame auch für Außenstehende sichtbare Verletzungen im Gesicht und am Körper erleidet. Letztlich flüchtet die Lebensgefährtin von Lothar Kahl, Sandra Schuster, im Mai 1990 vor dem Jähzorn und der Aggressivität ihres Freundes und den anhaltenden Streitigkeiten innerhalb der Familie aus dem Haus.

Am letzten Wochenende im Juni 1990 nimmt das Unheil seinen Lauf. Kahl sucht seine Ex-Freundin Sandra Schuster an ihrem Arbeitsplatz auf. Beide verabreden sich für den Freitagabend im Haus der Familie Kahl. Lothar hofft auf ein klärendes Gespräch,

Sandra will letzte, dort verbliebene persönliche Sachen abholen.

Das geplante Versöhnungstreffen hält Lothar Kahl nicht davon ab, am Nachmittag des 29. Juni in der Gaststätte *Spreewehrmühle* in Cottbus, einem Ausflugslokal nahe der Spree, kurz vorbeizuschauen. Der »kurze« Besuch dehnt sich über viele Stunden bis zum Gaststättenschluss um Mitternacht aus. In dieser Zeit will Kahl fünfzehn große Glas Bier, fünfzehn doppelte Schnäpse und drei bis vier Flaschen Wein getrunken haben. Der derart betankte Mann radelt von der Gaststätte mit dem Fahrrad sturzfrei zum etwa eineinhalb Kilometer entfernten Grundstück seiner Eltern. Als er die Gartentür verschlossen vorfindet, schließt er daraus, dass seine Mutter die Freundin erst gar nicht ins Haus gelassen oder sie wieder rausgeschmissen hat. Voller Wut und Hass beschließt er, die Mutter zur Rede zu stellen. Er reißt die Tür zum Schlafzimmer auf, in dem die Eltern bereits im Bett liegen. Er stellt die Mutter zur Rede und bemerkt dabei, dass diese einigen Alkohol getrunken haben muss. Lothar Kahl holt aus dem Bad eine Schüssel mit kaltem Wasser und schüttet es mit den Worten »Damit du wieder nüchtern wirst« über die Mutter. »Du hast Sandra schon wieder aus dem Haus geekelt«, brüllt er los. »Immer wieder vertreibst du meine Freundin.«

Mutter Kahl lässt sich davon nicht beeindrucken, springt aus dem Bett und beharrt auf ihrem Standpunkt: »Die Schlampe hat in meinem Haus nichts zu suchen«, giftet sie. »Sei froh, dass sie weg ist.«

Es gibt für Sohn Lothar kein Halten mehr. Wahllos schlägt er mit den Fäusten auf die Mutter ein, ohne dass der Vater in den Streit eingreift. Wohin er boxt, sieht der Sohn in dem dunklen Zimmer nicht. Es ist ihm auch egal. Er bemerkt jedoch, dass die Fäuste Gesicht und Kopf treffen. Dass er die Mutter mit den Füßen tritt und den Kopf gegen Wand und Boden schlägt, dazu fehlt ihm später jegliche Erinnerung. Ohne sich um die Verletzte zu kümmern, die zusammengekrümmt und blutend auf dem Fußboden neben dem Bett liegt, geht der Sohn aus dem Haus. Der Täter schnappt sich sein Fahrrad und fährt zur Wohnung von Ex-Freundin Sandra. Die ist allerdings nicht zu Hause, oder sie öffnet dem Betrunkenen nicht die Tür. Kahl fährt schimpfend davon und nächtigt, berauscht vom Alkohol, bis in den späten Vormittag hinein irgendwo im Freien. Als er munter wird, ist sein nächstes Ziel erneut die *Spreewehrmühle.*

Am 30. Juni 1990 gegen 22 Uhr wird Lothar Kahl in der Gaststätte verhaftet. Eineinhalb Stunden später stellen Ärzte bei ihm eine Blutalkoholkonzentration von 1,7 Promille fest.

Zu diesem Zeitpunkt ist die Mutter von Lothar Kahl seit einem Tag tot. Sie ist noch in ihrem Schlafzimmer, dem Ort der Gewaltorgie, verstorben. Das Opfer hatte 1,2 Promille Alkohol im Venenblut.

Das Obduktionsprotokoll der gerichtsmedizinischen Sektion listet eine Vielzahl von Verletzungen am gesamten Körper des Opfers auf: Kopfschwartenablederung, Nasenknorpelzertrümmerung, Wirbelsäulenbruch, Brustbein- und Rippenbrüche mit Lungenverletzung, Leber- und Milzrisse sowie ein Riss der Beckenblutader. Nach Ansicht der Gerichtsmediziner muss der Täter nicht nur mit den Fäusten auf seine Mutter eingeschlagen haben, sondern sie auch mit den Händen gewürgt und auf ihrer Brust gekniet oder mit dem Fuß gegen den Oberkörper getreten haben.

Das Gericht verurteilt Lothar Kahl wegen vorsätzlichen Vollrausches zu einer Freiheitsstrafe von vier Jahren und sechs Monaten. Die Richter beziehen in ihrem Urteil die erhebliche Menge von Alkohol ein, die Kahl von Nachmittag an konsumiert hatte. Die vom Angeklagten genannte Trinkmenge mag überhöht erscheinen, so das Gericht. Dennoch sei von einer Blutalkoholkonzentration von drei Promille auszugehen. »Damit war zur Tatzeit die Fähigkeit des Angeklagten, das Unrecht seines Tuns einzusehen und nach dieser Einsicht zu handeln, ausgeschlossen.« Zumindest habe der Angeklagte die strafrechtlich relevante Grenze zur erheblich verminderten Schuldfähigkeit hinüber zum Vollrausch sicher überschritten. Dass der Angeklagte zu irgendeinem Zeitpunkt die Absicht oder auch nur den bedingten Vorsatz gehabt hatte, das Opfer zu töten, habe die Hauptverhandlung nicht ergeben.

Angewandt wird vom Gericht nicht das Strafrecht der DDR, sondern das für Vollrausch geltende mildere Recht der BRD, so wie es im Einigungsvertrag verankert ist. In dem heißt es, dass bei Straftaten, die vor der Wiedervereinigung der beiden deutschen Staaten begangen wurden und erst danach abgeurteilt werden, das jeweils mildere Strafrecht angewandt werden müsse.

Der rosa Riese

Wolfgang Schmidt, geboren in Lehnin und aufgewachsen in einem kleinen Dorf bei Beelitz im Land Brandenburg, ist ein verurteilter Totschläger und Mörder. Man darf seinen Namen gewiss nennen, denn er ist durch seine Taten eine relative Person der Zeitgeschichte geworden. Ohnehin dürfte der Allerweltsname Schmidt bei der Mehrzahl der Menschen in Deutschland kaum im Gedächtnis verhakt sein. Eher wohl sind ihnen zwei Pseudonyme geläufig: der »Rosa Riese« und die »Bestie von Beelitz«. Die Medien, allen voran die Boulevardpresse, haben sie geprägt. Wolfgang Schmidt hat im Zeitraum von knapp zwei Jahren sechs Menschen getötet und drei weitere schwer verletzt. Es war Glück, dass diese bei den Angriffen des Serienmörders mit dem Leben davonkamen.

Den Beinamen »Rosa Riese« kann man durchaus als zutreffend bezeichnen, zum einen ob seiner Körpergröße von über 1,90 Metern und zum anderen wegen der Fetische, die er an den Tatorten hinterlassen hat: Damenwäsche, Höschen, Unterröcke, Büstenhalter, vorzugsweise in der Farbe Rosa und um seine Opfer drapiert. Doch sollte man von »Bestie«, einem Barbar, Scheusal, Unmensch, Bluthund reden? Und davon, dass nur die Todesstrafe, ein »Aufhängen« oder »Kopf kürzer«, als gerechte Strafe in Frage käme und dass die Verlobte das Baby unter ihrem Herzen, gezeugt von der »Bestie«, abtreiben müsse? Das jedenfalls fordern aufgebrachte Teile der Bevölkerung. Ein renommierter Psychiater der Freien Universität Berlin kam nach eingehender Untersuchung von Wolfgang Schmidt zu dem Schluss, dass der Mörder trotz auffälliger Persönlichkeitsstörungen strafrechtlich für seine Taten verantwortlich ist. Allerdings sei aus psychiatrisch-psychologischer Sicht eine erhebliche Verminderung der Schuldfähigkeit anzunehmen.

Was aber hat Wolfgang Schmidt zur »Bestie«, zum »Rosa Riesen« gemacht? Wären seine Verbrechen in diesem kaum zu ertragenden Ausmaß zu verhindern gewesen?

Vielleicht. Vielleicht nicht. Die Antwort ist spekulativ. Bezüglich des Ausmaßes der Verbrechen wären sie es jedoch mit hoher Wahrscheinlichkeit gewesen.

Die mörderischen Taten begannen im Oktober 1989, und sie endeten am 1. August 1991. Gesellschaftliche Strukturen in der DDR zerbröselten, auch die bei Polizei und Justiz. Spuren, die spätestens nach dem zweiten Mord auf ein gleiches Tatmuster hinwiesen, wurden nicht erkannt. So war es letztlich »Kommissar Zufall«, der zur Ergreifung des »Rosa Riesen« führte. Doch schon viel früher deutete manches auf Abnormes in der Entwicklung des Wolfgang Schmidt hin.

Am 5. Oktober 1966 meldet Säugling Wolfgang in Lehnin mit einem Schrei sein Erdendasein an. Später wird die Familie in dem kleinen Dorf Rädel in der Nähe von Beelitz im DDR-Bezirk Potsdam sesshaft. Es ist beschaulich in dieser Gegend, in der es viele Wiesen, Wälder und Seen gibt und kleine Orte, wie eben Rädel einer ist. Drei Jahre nach ihm wird sein Bruder Jürgen geboren. Danach kommt ein weiteres Kind zur Welt. Wie alt seine Mutter bei seiner Geburt war, weiß er nicht. »Solche Daten behalte ich selten im Kopf«, sagt er nach seiner Verhaftung dem Psychiater.

Der Familie geht es gut in ihrem Zuhause. Dass Mutter und Vater Arbeit haben, ist in der DDR nahezu selbstverständlich. Die Mutter ist Reinemachfrau in einem Kinderheim, der Vater Traktorist in der Landwirtschaft. Nach Feierabend ist zu Hause viel zu erledigen, zumal noch ein Garten zu bewirtschaften ist und Tiere zu versorgen sind. Mit Obst, Gemüse und den Kaninchen kann man gut verdienen, wenn man alles an den Handel veräußert. Erst recht, wenn man als Kleintierhalter Kaninchen »hinten« teuer verkauft und »vorn« an der Ladentheke für das geschlachtete Tierchen nur die Hälfte bezahlen muss. Das Geld für das abgelieferte Kaninchenfell gar nicht mitgerechnet.

Wolfgang muss als Ältester der drei Geschwister mitarbeiten, um die Nebenwirtschaft am Laufen zu halten. Die Mutter führt das Regime, und das ist streng. Bruder Jürgen hat es besser. Er ist kränklich und wird von Mutti eher mit »Samthandschuhen« angefasst als mit Schlägen, die Wolfgang kassiert, wenn er nicht spurt wie gewünscht. Während die Dorfkinder am See, auf Wiesen und in Wäldern herumtollen, baden oder Höhlen bauen, baut Wolfgang Gemüse an, jätet Unkraut, gräbt Beete um. Mehr und mehr fühlt er sich isoliert von Gleichaltrigen. Er ist es auch. Darf er in der Sommerhitze doch einmal baden gehen, dann höchstens eine halbe Stunde. Mit Klassenkameradinnen und -kameraden gibt es kaum Kontakt. Wie auch. Will er mit Gleichaltrigen mitreden, rümpfen diese nur die Nase. »Ach Schmidt, du hast doch sowieso keine Ahnung, du darfst ja kein Fernsehen gucken.« Nach dem »Sandmann« geht es für Wolfgang ins Bett, auch dann noch, als er dem Sandmännchen-Alter längst entwachsen ist. Es hagelt bei kleinsten Vergehen Stubenarreste; manchmal zwei Tage oder drei, zuweilen eine Woche oder gar zwei Wochen. »Das hat weh getan«, gibt er beim Psychiater zu. »Der Vater wollte keinen Streit, wollte Ruhe haben, wollte die Mutter nicht verlieren«, beschreibt er das häusliche Milieu. Und Unterstützung gab es schon gar nicht, auch nicht bei Angriffen von Klassenkameraden. »Wenn se dir verprügeln wollen, dann lass dir eben verhauen, aber komm nach Hause und erzähl das. Nicht dass de zurückschlägst«, so die Ansage des Vaters.

Der Junge fühlt sich einsam. Dann entdeckt er etwas, was ihn zunächst nur neugierig macht, dann mehr und mehr anzieht, ihn befriedigt: den Kleiderschrank seiner Mutter. Er sieht und fühlt deren Unterwäsche, die Schlüpfer, Unterröcke, Büstenhalter. Der Kleiderschrank lockt ihn an, vor allem aber diese Wäsche, die er angezogen bei seiner Mutter kaum gesehen hat. Sieben Jahre alt ist er da, oder auch acht, so genau weiß er es nicht mehr. Irgendwann lässt er alle Kleidung von sich abfallen, steht nackt da und zieht das Verbotene von der Mutter an, das Höschen, den

Unterrock, den BH, der natürlich an seinem dürren Oberkörper schlaff herumhängt. Sexuelles spielt in dem Alter noch keine Rolle. Es passiert anderes. Er »strullt ein«, wie er es ausdrückt, und auch sein Darm entleert sich. Ein »wahnsinniges Gefühl« hat er dabei, sagt er dem Gutachter. »Ich habe mich richtig wohlgefühlt.« Später, bei der Erörterung der Taten mit dem Psychiater, wird dieses »wahnsinnige Gefühl« immer wieder eine Rolle spielen.

Er kann sich der magischen Anziehungskraft des Wäscheschranks im Schlafzimmer seiner Eltern nicht erwehren. Oft kann er sich das Begehrte nur anschauen, schließlich weiß die Mutter, was sie an Unterwäsche besitzt. Doch richtig befriedigt ist er erst, wenn er darin »einstrullen« und einkoten kann. Dann muss er die Intimwäsche verstecken. Er tut es in der Scheune.

Es kommt, was nicht ausbleiben kann. Die Scheune wird zu seiner Intimfalle, als er wieder einmal in Mutters Wäsche flaniert. Sie erwischt ihren Jungen, der zehn Jahre und noch immer Bettnässer ist, in ihrem Schlüpfer und dem BH, der an seiner Brust schlackert.

Das Donnerwetter der Mutter ist wortgewaltig. Natürlich setzt es auch Schläge. Dieser Schmerz vergeht. Ein anderer, viel schlimmerer Schmerz, der der Erniedrigung, nicht. Der Knabe wird hochnotpeinlich verhört. Beschämend ist, dass andere, fremde Leute, davon erfahren. Nicht auszuhalten für Wolfgang ist, dass er keinen Zugang mehr hat zu den Fetischen, die ihn so sehr befriedigen.

Die Mutter geht mit ihrem Sohn zum Arzt, weil der

immer noch ins Bett pullert und auch in die Hose. Sie hat Angst, dass er krank ist. Der Mediziner aber wiegelt ab. Das sei noch normal in dem Kindesalter, dieses Einnässen. Ob er etwas von dem abartigen, fetischhaften Drang des Jungen nach Frauenwäsche erfahren hat? Wohl kaum. Die Mutter mag davon ausgegangen sein, dass ihr Junge ablässt von dieser Lust, wenn sie ihren Wäscheschrank und damit den Zugang zur Intimwäsche verschließt.

Das Gegenteil ist der Fall. »Im Laufe der Zeit hat sich das alles noch gesteigert«, wird Schmidt später gestehen, vor allem mit der einsetzenden Pubertät. Davon bekommt aber niemand etwas mit, auch nicht die Mutter. Er wechselt auf die Schule in Lehnin, die er mit siebzehn Jahren erfolgreich abschließt, wie später auch seine Maschinisten-Lehre im Stahl- und Walzwerk Brandenburg.

Er ist zurückhaltend, hat noch keine Freundin, besucht zum ersten Mal mit achtzehn Jahren eine Disko. Dann lernt er doch ein Mädchen kennen. An einem der vielen Seen in der Umgebung trifft er Moni. Sie ist dreizehn und damit fünf Jahre jünger als Wolfgang. Es ist eher eine platonische Liebe, die sich nur langsam entwickelt: Händchen halten, schmusen, Küsschen, mehr zunächst nicht. Er hat natürlich sexuelle Gelüste, und er hat dennoch seine sexuelle Befriedigung. Die Fetische von Frauen.

Im Wäscheschrank der Mutter sind die Objekte der Begehrlichkeit eingeschlossen. Doch es gibt sie. Sie sind woanders zu finden. Auf Müllkippen.

Die gibt es zuhauf in der DDR, vor allem in den Dörfern, aber auch an den Rändern kleinerer und größerer Städte. Keine Mülldeponien, wie man sie heute kennt, sondern aufgeschüttete Berge, meistens illegal, aber beliebt: als Orte billiger Entsorgung von Trödel, den die einen nicht mehr brauchen und loswerden wollen und den andere durchforsten auf der Suche nach Nutzbarem für den eigenen Bedarf oder den Verkauf.

Hier, auf diesen »Müllkuten«, wie es Schmidt ausdrückt, sucht er, was ihm daheim verwehrt wird. Auf solch einer Kute entdeckt er eines Tages einen prall gefüllten Sack. Als er ihn öffnet, quillt Damenwäsche heraus. Fortan wecken Müllhalden Begehrlichkeiten und erfüllen sie. Denn er findet, was er sucht. Vor allem solcherart Damenwäsche, die Frauen direkt auf der Haut tragen, interessiert ihn. Diese zieht er an. Die Büstenhalter füllt er wegen fehlender Oberweite mit allerlei Material zu Busen auf, zieht sich Höschen und Unterröcke an, nachdem er sich seiner Männerbekleidung entledigt hat, flaniert mit Röcken darüber herum, »strullt« in die Höschen und bekotet diese. In dieser Verkleidung erlebt der Heranwachsende den Samenerguss eines Jünglings, der vom Knaben zum Manne heranreift. Immer weiter zieht er seine Kreise, legt vielerorts Depots an mit Frauenwäsche und Damenkleidung: mehr und immer mehr.

Der »Rosa Riese« ist geboren.

Noch einmal gibt es eine Chance, dem Unheil Einhalt gebieten zu können. Über berufliche Umwege zur Bereitschaftspolizei gelangt, weil ihm »Recht und Ordnung schon immer am Herzen gelegen« hätten, sieht er dort seine Zukunft. Doch es kommt zu einem Vorfall, den die Staatsmacht nicht tolerieren kann. Die Schmidt-Kameraden in Uniform planen zum hundertsten Geburtstag von Adolf Hitler am 20. April 1989 eine heimliche Feier, man kann auch sagen: ein Besäufnis. Doch was bleibt schon unentdeckt? Die Vorgesetzten erfahren von der Hitlerverehrung und handeln. Spinde werden nach Verdächtigem durchsucht, auch der von Schmidt. In einem Fach des schmalen Schrankes wird Damenwäsche gefunden. »Ich sammle die, seit ich klein bin. Ich bin aber nicht schwul«, erklärt er seinen Vorgesetzten. Die empfehlen ihm, einen Arzt aufzusuchen. Mehr nicht. Dann wird der Obermeister Schmidt in Unehren entlassen.

Der geschasste Polizist findet Arbeit im Walzwerk Brandenburg, seinem Lehrbetrieb, und zieht zu seiner Moni, die noch bei ihren Eltern in einem Nachbarort von Rädel wohnt. Fünf Jahre kennen sich die jungen Leute nun schon seit ihrer ersten romantischen Begegnung am Ufer eines Sees. Mehr als Händchen halten, Küsschen und Fummeln mit der Hand an Geschlechtsteilen ist bisher nicht passiert. Sie ist jetzt achtzehn, er dreiundzwanzig Jahre alt. Sie verloben sich und haben zum ersten Mal richtigen Sex. Sie probieren vieles aus, und es befriedigt beide. »Aus der Freundschaft ist eine wahnsinnige Liebe entstanden«, sagt er später dem psychiatrischen Gutachter. Moni überredet den Verlobten sogar, einmal einen ihrer String-Tangas anzuziehen. Erinnerungen an den kleinen Wolfgang in der Wäsche der Mutter ruft das bei ihm hervor. Nein, das will er nicht tun vor seinem Mädchen.

Er will anderes. Der »Rosa Riese« ist groß geworden. In ihm wird der Wunsch – bei aller »wahnsinnigen Liebe« zu Moni – unbeherrschbar, es auch mal mit einer anderen Frau zu machen. »Der Drang danach, jetzt det mit jemand anders noch durchzuführen, war zu groß«, sagt er später dem Psychiater. Der »Rosa Riese« ist nicht mehr aufzuhalten.

Tagelang durchstreift er Wälder rund um Beelitz. Geht seine Verlobte Moni aus dem Haus, macht sich der Mann auf zu Deponien, auf denen er nach weiblicher Reizwäsche sucht. Es gibt genug davon. Die Verstecke mit BHs, Unterhöschen, Unterkleidern, Röckchen wachsen an in Zahl und Umfang. Den Zwang, mehr und immer mehr zu sammeln, das Intime zu besitzen, es zu fühlen mit den Händen und es auf seiner nackten Männerhaut zu spüren, kann er nicht unterdrücken. Er zieht sie sich an, spaziert als Frau verkleidet um die Bäume, lässt seinen Exkrementen freien Lauf in die Schlüpfer, säubert sich, so gut es geht, im Wald mit dem, was die Natur dafür liefert, und ist oft spätabends daheim. Er fährt nahezu täglich mit dem Fahrrad oder dem Moped seiner Verlobten herum, nur aber nicht zur Arbeit. Mehrfach hat er inzwischen seine Arbeitsstelle verloren, doch was der Bummelant tagsüber draußen treibt, davon ahnen weder seine Verlobte noch die Eltern und angehenden Schwiegereltern noch die Chefs in den Betrieben, in denen er meist kurzfristige Anstellungen hat, etwas. Die Spirale des Abnormen dreht sich immer schneller Richtung Gewalt. Die Mordserie nimmt ihren schrecklichen Anfang.

Dienstag, 24. Oktober 1989. Tat eins: Mord an Gisela Dörfler

Wolfgang Schmidt hat seit kurzem wieder Arbeit im Elektrostahlwerk Brandenburg. Er hat an diesem Tag Spätschicht. Die beginnt um 14 Uhr. In den Vormittagsstunden ist er wieder einmal mit dem Moped unterwegs. Er kennt sich in der Mülldeponie-Landschaft der Umgebung bestens aus. Wieder ist er dort fündig geworden, hat begehrte Kleidungsstücke eingesammelt. Gegen 11.30 Uhr ist er am Fuße des Götzer Berges eingetroffen, der sich in der Osthavelniederung gut hundert Meter über das flache Landschaftsschutzgebiet erhebt. Es drängt ihn, die aufgelesenen neuen Trophäen zu tragen. Bei seinem Herumstromern gelangt er an eine Bungalowsiedlung in Deetz, einer Gemeinde, die heute Ortsteil von Groß Kreutz und herrlich an der Havel gelegen ist. Schmidt erhofft sich, in den Bungalows weitere Damenwäsche zu finden. Er ist inzwischen süchtig danach.

Bereits im ersten Gartenhäuschen, in das er eingebrochen ist, hat er Glück und findet mehrere Schlüpfer. Mit einem Hammer bewaffnet, den er im Geräteraum der Laube gefunden hat, setzt er seine Suche ein Stück weiter entfernt im Bungalow der Familie Dörfler fort. Die Tür des Häuschens steht einladend offen. Der Dieb findet einen Bikini, Frauenunterwäsche und eine braune Ledereinkaufstasche, in der Zigaretten und 10 DDR-Mark stecken. Gisela Dörfler, die draußen mit dem Kopf nach unten und dem Hintern nach oben mit einer Hacke Beete bearbeitet, sieht er nicht. Dafür bemerkt die einundfünfzig Jahre alte Frau den Eindringling an der Rückfront des Grundstücks. Als Gisela Dörfler aus Angst, Empörung, Wut über den Einbruch am helllichten Tag ihr Entsetzen herausschreit, würgt sie der riesenhaft erscheinende Dieb, der blitzschnell bei ihr ist, mit beiden Händen. Das Opfer bekommt keine Luft mehr und sackt zu Boden. Schmidt registriert in einiger Entfernung einen hellen »Trabant Kombi«, den er zuvor dort nicht gesehen hat. Er schleift die leblos wirkende Frau in den Bungalow. Als diese drinnen im Sommerhäuschen wieder zur Besinnung kommt, schlägt er ihr mit dem mitgebrachten Hammer mehrfach auf den Kopf. Das Opfer überlebt diese Tortur nicht. Von seinem Vorhaben, Sex mit der Frau zu haben, rückt der Täter nicht ab. Er entkleidet den Unterleib der Toten, und als eine Erektion bei ihm ausbleibt, manipuliert er mit einer Kerze an ihr herum.

Schmidt will die Leiche in der Havel verschwinden lassen. Aus dem Schlafzimmer holt er eine gelbe Steppdecke, breitet diese auf dem Wohnzimmertisch aus, wickelt den Leichnam darin ein und verschnürt ihn wie ein Paket mit einem Draht und dem Gürtel eines Bademantels. Die »Entsorgung« der Toten misslingt. Der Fahrer des »Trabant«, der in einer Entfernung von fünfundzwanzig Metern geahnt haben mag, dass in der Nachbarschaft etwas nicht stimme, nähert sich dem Dörfler-Grundstück. Wolfgang Schmidt hastet davon und fährt mit dem Moped in Richtung Götzer Berg. Dort säubert er sich, legt die Damensachen ab, zieht seine eigene Kleidung an und fährt zum Elektrostahlwerk Brandenburg. Er tritt mit einer Stunde Verspätung seine Spätschicht an.

Donnerstag, 24. Mai 1990.
Tat zwei: Totschlag an Monika Neufeld

Es ist »Männertag«, Wolfgang Schmidt hat sich, kostümiert mit einem Schlafanzug, mit Freunden zu einer Fahrradtour verabredet. Ob die Kumpel zu zeitig am Treffpunkt sind oder er zu spät eintrifft, lässt sich späterhin nicht mehr feststellen. Auf jeden Fall steht Schmidt einsam und verlassen da. Er beschließt, sich allein einen schönen Tag zu machen – auf einer Mülldeponie, wo sonst, und der Suche nach zarter Unterwäsche.

Er radelt nach Ferch. Er will den öffentlichen Weg benutzen, doch der Bauwagen, der an der Seite des Weges am Rande der Müllkute steht, ist besetzt. Dort wohnt Monika Neufeld. Er macht kehrt und fährt auf einem Schleichweg zurück an den Ort der Begehrlichkeit. Wieder wird er bei der Suche gestört. Aus Richtung des Bauwagens vernimmt er Schreie, Schläge und Geräusche von splitterndem Holz. Neugier treibt ihn in Richtung Bauwagen, der in der Tat lädiert aussieht. Als er die Tür der primitiven Behausung öffnet, sieht er darin die ihm unbekannte Monika Neufeld sitzen. Sie scheint, vorsichtig ausgedrückt, nicht mehr ganz nüchtern zu sein. Für die Beschädigungen an ihrem Holzgefährt macht sie den in dieser Beziehung Unschuldigen als Schuldigen aus und droht mit der Polizei. Die Frau lässt sich durch nichts beruhigen, zetert wieder und immer wieder in zunehmender Lautstärke. Verbal ist sie von Schmidt trotz dessen Bemühungen nicht zu beruhigen. »Um ihre Stimme zu mildern«, wie er später sagt, schlingt er seinen rechten Arm um den Hals der Tobenden, fest, aber nicht zu fest. Monika Neufeld kann sich losreißen und flüchtet Richtung Deponie-Ausgang. Schmidt holt sie ein, schlingt ein Elektrokabel, das er sich aus dem Müll gegriffen hat, um den Hals der Frau und zieht zu. Leblos sackt die Überfallene auf den Boden. Er schleift die inzwischen Tote an den Händen über die Deponie bis zu einer Böschung, wo er sie auf einer ausrangierten Campingliege ablegt. Dann geht er auf die Suche nach Frauenwäsche. Nur eine halbe Stunde braucht er, dann hat er genug eingesammelt. Schmidt kehrt zu Monika Neufeld zurück, steigt aus seiner Männertagkostümierung, dem Schlafanzug, in die eingesammelte Unterwäsche, entblößt die Brust der toten Frau und führt mit ihr den Geschlechtsverkehr bis zum Samenerguss durch. Schließlich drapiert er die Damenwäsche um die Leiche.

Montag, 9. Juli 1990.
Tat drei: Versuchter Mord an Erna Stricker

Wieder ist es ein Tag, an dem es Wolfgang Schmidt hinauszieht zu seinen Lieblingsorten. Zeit hat er, denn ihm ist wieder einmal gekündigt worden. Gegen 11 Uhr erreicht er die Deponie in Wust. Er sucht die von ihm so verehrte weibliche Kleidung und nach Katalogen, in denen schöne Frauen in herrlichen Dessous abgebildet sind. Zur gleichen Zeit klappert die achtundfünfzigjährige Erna Stricker den Müllberg auf der Suche nach Brauchbarem ab. Schmidt, der durch die ergatterte Intimbekleidung sofort sexuell stimuliert ist, will seine Begierde mit der Frau »teilen«, wie er es empfindet. Er träumt von Geschlechts- und Analverkehr, wobei auch gegenseitiges Urinieren und Bekoten in seiner Gedankenwelt rumoren. Der von dieser Vorstellung Besessene nähert sich von hinten der Frau, umschlingt mit dem rechten Arm deren Hals und drückt zu. Sein Opfer kämpft mit Entschlossenheit ums Leben, schreit und wehrt sich mit allen Kräften. Der Kampf ist ungleich. Schmidt klappt sein Taschenmesser auf, sticht der Frau in den Hals und in die Brust und reißt sie nieder. Vom Boden ergreift er einen etwa eineinhalb Meter langen Holzpfahl und schlägt der wehrlosen Frau mehrfach auf den Kopf und zerrt sie in ein angrenzendes Waldstück. Er geht davon aus, dass Erna Stricker tot ist. Ein näher kommendes Motorengeräusch fährt ihm in die Glieder. Aus Angst vor Entdeckung stapelt er Bretter über das Opfer. Um die Frau kümmert er sich nicht, wohl aber um die Wäschestücke, die er zuvor erobert hatte. Er kann nicht anders, sondern muss sich die Kleidung anziehen, was ihn sexuell derart erregt, dass er auf Umwegen zu Erna Stricker zurückkehrt. Als er Personen sieht, die sich um die Frau kümmern, und dann auch noch die Sirene eines Fahrzeugs ertönt, verlässt Schmidt in panischer Angst vor Entdeckung den Ort des Verbrechens.

Erna Stricker wird auf die Intensivstation des Bezirkskrankenhauses gebracht. Sie überlebt.

Drei schwere Verbrechen aus sexuellen Motiven innerhalb eines Dreivierteljahrs in einer begrenzten Region – doch Zusammenhänge werden von den Ermittlern noch immer nicht erkannt. Wie überall nach der Wende in der DDR sind auch bei Justiz und Polizei gut funktionierende Strukturen zerbrochen und neue sind erst im Aufbau.

So tickt die Zeitbombe ungestört weiter. Wolfgang Schmidt hat regelmäßig Sex mit seiner Verlobten, die beiden jungen Leute sind dabei durchaus experimentierfreudig. Doch innerlich befriedigt ist der Mann nicht. Seine Phantasievorstellungen werden nicht erfüllt. Beim psychiatrischen Gutachter bekennt er später: »Der Drang, es endlich zu einer Erfüllung zu bringen, der wurde immer größer und immer stärker, deswegen denn ooch die Zeiten zwischendurch immer kürzer. Ick hab det ja manchmal kaum vierundzwanzig Stunden zu Hause ausgehalten.«

Ist seine Verlobte Moni aus dem Haus und auf Arbeit, schwingt sich der »Rosa Riese« aufs Fahrrad oder Moped. Es drängt ihn in den Wald zu seinen Wäschedepots, auf Müllkippen, um die Sammlung seiner »Schätze« zu vergrößern. »Je mehr Wäsche, wie ick gefunden habe, desto größer waren manchmal ooch die Gefühle«, gibt Schmidt zu. Er legt seine Männerkleidung ab und schlüpft in die von ihm geliebte Frauengarderobe. Darin geht er stundenlang spazieren und lebt in seiner anderen, emotional transvestitisch geprägten Welt. Er ist vorsichtig, sucht nie ein zweites Mal die Orte seiner Taten auf.

Mittwoch, 13. März 1991.
Tat vier: Mord an Ilse Förster

Der »Rosa Riese« ist wieder unterwegs. Kurz hinter Borkheide, einer Gemeinde zwischen den Städten Beelitz und Bad Belzig gelegen, biegt er mit seinem Moped in einen Waldweg ein. In der Waldschonung ist er ungestört. In Slip, ausgestopftem BH, rosa Rock und einer Bluse fühlt er sich wohl. Es kribbelt, pornografische Bilder formen sich im Geist. Sein Glied ist steif, die Erektion lässt nicht nach. Er wünscht sich eine Frau, mit der er den Sexualtrieb befriedigen kann. Gegen 17.30 Uhr läuft ihm die vierunddreißig Jahre alte Ilse Förster über den Weg, die bei einer Freundin zu Besuch war und nun nach Hause will. Er fällt über sie her, würgt die sich heftig wehrende Frau und rammt ihr sein mitgebrachtes Fahrtenmesser mehrfach in Hals und Körper. Die junge Frau verblutet. An den Fußgelenken zerrt er das Opfer zehn bis fünfzehn Meter weit in eine angrenzende Kiefernschonung, entkleidet es und zieht ihm ein blaues Bikinioberteil an. Dann vergeht er sich an der Toten anal und oral. Derart sexuell befriedigt, durchsucht er anschließend den Beutel von Ilse Förster und entwendet aus dem Portemonnaie 10 Mark. Er deckt das Opfer mit Gras und Moos ab. Dessen Bekleidungsstücke und auch die von ihm getragene Intimwäsche sowie den Damenrock legt er wie ein Ritual um die Leiche. Er schlüpft in seine eigene Bekleidung und fährt nach Hause zu seiner Moni.

Auch dieser Mord wird von der Polizei als Einzeltat behandelt. Die Bevölkerung ist aufgeschreckt. Mädchen und Frauen trauen sich kaum noch in die Wälder oder in verlassene Gegenden. Dem »Rosa Riesen« bleibt das nicht verborgen. Ihm fällt es immer schwerer, Opfer zu finden, mit denen er seine gefährlichen sexuellen Veranlagungen ausleben kann. Doch es gelingt ihm immer noch.

Freitag, 22. März 1991.
Tat fünf: Mord an Irina Maschenkowa und
Igor Maschenkow

Nur eine reichliche Woche nach dem Mord an Ilse Förster führt der Zwang, seine schier nicht zu befriedigende sexuelle Gier, den »Rosa Riesen« in einen Wald südwestlich der Ortschaft Beelitz-Heilstätten. Dort trifft er auf Irina Maschenkowa, die mit dem Kinderwagen unterwegs ist, in dem Igor, ihr drei Monate alter Säugling, satt und zufrieden in der erfrischenden Waldluft schläft. Sie ist Russin, ihr Mann dient bei der sowjetischen Armee, die noch nicht vollständig vom Territorium im Osten Deutschlands abgezogen ist.

Der »Rosa Riese« ist, natürlich wieder als »sexy Frau«, auf das Äußerste erregt. Irina hat gegen den Mann, der ihr an Kraft und Körperbau gewaltig überlegen ist, keine Chance. Ehe sie die Gefahr auch nur erahnen kann, umfassen seine kräftigen Hände ihren Hals und drücken zu. Irina wehrt sich verzweifelt. Da dem Mann die »Hände schmerzten«, wie er später zugab, nutzt er einen mitgebrachten Büstenhalter zum Strangulieren und zieht ihn so lange zu, bis die Frau und Mutter tot zu Boden fällt. Igor wird durch den Kampf auf dem Waldweg aus dem Schlaf gerissen und tut das, was ein Säugling nur machen kann: Er schreit, was seine kleinen Lungen hergeben. Es sind Schreie, die für das Baby den Tod bedeuten. Der Mörder schiebt, aus Angst vor Entdeckung, den Kinderwagen ein paar Meter weiter weg in eine Kiefernschonung, nimmt den Jungen heraus und wirft den winzig kleinen Knaben aus Schulterhöhe mit Wucht auf den Boden. Dort trifft das kleine Köpfchen auf einen Baumstamm. Die Schreie verstummen sofort. Schmidt will das später nicht zugeben, sagt, dass der Säugling aus dem umgestürzten Kinderwagen gefallen sei. Das Brandenburgische Landesinstitut für Rechtsmedizin nennt im Ergebnis der Obduktion eine »massive stumpfe Gewalteinwirkung auf den Schädel mit schwerem geschlossenem Schädelhirntrauma« als Todesursache.

Zur Besinnung hat das Geschehene den Täter nicht gebracht. Er befriedigt sich an der toten Irina Maschenkowa, deckt die Leiche mit Kiefernzweigen ab und fährt nach Hause.

Einen Tag nach dem Verschwinden von Irina Maschenkowa und Baby Igor startet ein Trupp sowjetischer Soldaten eine Suchaktion. Sie entdecken die Leichen der Gesuchten. Der Kinderwagen, der sich fünfzig Meter neben dem Waldweg befindet, ist umgestürzt. Drei Meter davon entfernt liegt der kleine Junge. Zehn Meter davor finden die Soldaten die mit gefällten Kiefern bedeckte Leiche der Frau. Deren Oberbekleidung ist aufgerissen, der Unterkörper ist nackt.

Freitag, 5. April 1991, 17.30 Uhr.
Tat sechs: Versuchter Mord an Sandra Kurzweg und Sandra Wichert

Die Spirale der Gewalt und des Todes dreht sich inzwischen rasend schnell. Nach dem Doppelmord an Irina Maschenkowa und ihrem kleinen Igor ist Wolfgang Schmidt wieder unterwegs. Am Vormittag hat er sich bei verschiedenen Betrieben im Industriegebiet in Potsdam und in Drewitz erfolglos um Arbeit beworben. Zu Fuß macht er sich in Richtung Sputendorf, eines Ortsteils von Stahnsdorf, auf den Weg. Auf verschiedenen Müllkippen ist er fündig geworden. Wäschestücke und Kataloge mit bunten Bildern von Frauen in Dessous sind seine Ausbeute, die er – gut in Säcke verpackt – in eine Kiefernschonung schleppt, wo er sich ein neues »Lager« einrichtet.

Im Anschluss an die »schwere Arbeit« will er sich Erleichterung und Genuss verschaffen. Er entkleidet sich und zieht die neu »erworbenen« Kleidungsstücke über, die er zuvor mit seinen Exkrementen besudelt hat: einen BH, einen Damenslip, eine lilafarbene Jogginghose, einen Pullover und eine Kittelschürze, in deren Tasche er ein Küchenmesser steckt. So bekleidet und sexuell hoch erregt, durchforstet er das Unterholz. Nun ist Wolfgang Schmidt wieder der »Rosa Riese«, der sich schon lange wünscht, mal mit zwei Frauen Gruppensex zu haben.

Und er handelt so. Es ist 17.45 Uhr, als er weibliche Stimmen vernimmt. Es sind die von Sandra Kurzweg und Sandra Wichert. Die zwölfjährigen Mädchen wollen sich ein totes Reh ansehen, das dort in der Nähe liegen soll. Dazu kommt es nicht. Der als Frau verkleidete Täter stürmt aus dem Unterholz und stürzt sich auf sie. Er holt sofort das Küchenmesser aus der Kittelschürze und rammt es Sandra Kurzweg in den Bauch. Das Mädchen ist allerdings zu flink für den Mann. Es kann sich aus der Umklammerung befreien und entkommt in Richtung der Rieselfelder, in denen Abwässer versprüht werden und wo es mächtig stinkt. Auch Sandra Wichert wehrt sich heftig gegen den »Räuber«, der sie von hinten würgt und ihr mit dem Messer in den Bauch und in die Brust sticht. Dennoch kann auch sie entfliehen, weil der »Rosa Riese« plötzlich von ihr ablässt. Er hat erkannt, dass er diesmal sein perverses Verlangen nicht erreichen kann, und nimmt Reißaus in dichte Kiefernschonungen.

Freitag, 5. April 1991, 21.45 Uhr.
Tat sieben: Mord an Margarete Schneller

Nach der Flucht der beiden Mädchen, die für den Täter ein Desaster mit allerhöchster Gefahr ist, irrt der »Rosa Riese« durch den Wald, den er bei Rehbrücke verlässt. Vom dortigen Bahnhof aus fährt er mit dem Zug nach Beelitz-Heilstätten. Dann macht er sich mangels eines direkten Anschlusses zu Fuß auf den Weg zum Wohnort seiner Verlobten. Der führt ihn vorbei an einem in die Jahrzehnte gekommenen Einfamilienhaus. Das Anwesen sieht unbewohnt aus. Mit einem Brikett, das in der Gegend liegt, schlägt er im Erdgeschoss eine Scheibe ein und gelangt in die Küche. Bei der Suche in der unteren Etage entdeckt er im Wohnzimmer einen Schrank. Seine sexuelle Erregung ist noch immer nicht abgeklungen und steigert sich ins »Wahnsinnige«, als er im Schrank eine Damenunterhose und ein Mieder findet. Im Obergeschoss hängen auf einer Leine neben anderer Wäsche ein BH und ein Unterrock. Was für eine Beute! Als er das Haus verlassen will, vernimmt er Geräusche. Sie kommen von der sechsundsechzig Jahre alten Rentnerin Margarete Schneller, die in ihrem Schlafzimmer aufgeschreckt von dem Einbrecher auf ihrer Liege sitzt. Das Entsetzen der alten Frau steht auch Wolfgang Schmidt ins Gesicht geschrieben. Nach der Flucht der Mädchen soll es nicht noch eine weitere Zeugin geben. Schmidt würgt die alte Dame erst mit beiden Händen. Als die Kraft in seinen Fingern nicht ausreicht, erdrosselt er sein Opfer mit einem langärmeligen Unterhemd. Er schneidet das Nachthemd der Frau über der welken Brust auf, entkleidet sich, manipuliert nackend mit einer Kerze an seinem Opfer herum und erleichtert sich durch Geschlechtsverkehr mit der vermutlich schon toten alten Dame. Schmidt zieht seine Männerbekleidung an und lässt die von ihm getragene Unterwäsche und die manipulativ benutzte Kerze neben dem Leichnam zurück.

Nach diesem Verbrechen fahndet die Polizei, die endlich eine Sonderkommission gebildet hat, nach dem Serienmörder. Nach Angaben der beiden geflüchteten Mädchen wird ein Phantombild erstellt. Allerdings ist es, was die Haarlänge angeht, nicht korrekt. Wer wollte es den Kindern verdenken. Auch Schmidt sieht die Fotos, doch er ist sich sicher, dass er nicht der »Rosa Riese« sein kann, der so Schreckliches getan hat. In seiner Phantasie hätten die Frauen alle noch gelebt, alles auch mitgemacht bis zu seiner Erregung, wird er später dem Gutachter sagen.

Die öffentliche Fahndung zeigt Wirkung. Die Mordserie reißt ab. Zwar treibt sich der »Rosa Riese« – stets weiblich gekleidet – weiter in den Wäldern herum, doch Frauen, mit denen er seine abnormen sexuellen Vorlieben befriedigen kann, findet er nicht mehr. Keine Frau traut sich mehr in die Wälder um Beelitz.

Letztlich hilft »Kommissar Zufall«, den »Rosa Riesen« zu fassen. Am 1. August 1991 entdecken zwei Freizeitsportler, die durch den Wald joggen, einen Mann, der onaniert und dabei rosafarbene Frauenfetische trägt. Sie überwältigen ihn und bringen ihn zur Polizei.

Der »Rosa Riese« gesteht noch am Tag seiner Verhaftung die Taten.

Das Landgericht Potsdam verurteilt Wolfgang Schmidt im November 1992 wegen Mordes im Zustand verminderter Steuerungsfähigkeit zu fünfzehn Jahren Haft und weist ihn in eine geschlossene psychiatrische Anstalt, in den Maßregelvollzug, ein. Dort sitzt er noch immer.

Ihm wird später eine hormonelle Geschlechtsumwandlung und eine Namensänderung zugestanden.

Mord in der Nervenklinik

Eigentlich klingt alles wie eine Romanze zweier Menschen, die sich lieben und sich begehren. Beide, Hanna Rose und Hans Reger, sind sechsundzwanzig Jahre alt und kennen sich jetzt, im Februar 1981, ein gutes halbes Jahr. In Briefen haben sie sich ihre gemeinsame Zukunft in den schönsten Farben ausgemalt, davon geträumt, Ehefrau und Ehemann zu sein, vielleicht einmal Kinder zu zeugen und sie aufzuziehen. Sogar eine Heiratsurkunde hat sich Hans Reger anfertigen lassen, keine standesamtliche, die den Bund der Ehe als vollzogen anerkennt, sondern eine, die ein Bekannter auf einem Blatt Papier gemalt und geschrieben hat. Hanna und Hans betrachten sich fortan als Ehepaar. Die Briefe, die sie sich schreiben sind voller wortreicher Liebesbeteuerungen. Sex spielt in den Briefen auch eine Rolle. Den aber wollen sie sich aufheben für bessere Zeiten.

Die Realität ist alles andere als romantisch. Hanna Rose und Hans Reger leben aufgrund von schizoider Erkrankungen in der Nervenheilanstalt in Neuruppin. Hans Reger ist sogar in geschlossenen Abteilungen untergebracht, so dass Händchen halten und Küsschen austauschen zwischen den »Eheleuten auf dem Papier« bisher nur durch Gitterstäbe möglich war.

Hans Reger ist das jüngste von drei Kindern der Familie Reger. Als er in Hohen Neuendorf im Kreis Oranienburg das Licht der Welt erblickt, sind seine Eltern nicht mehr die Jüngsten. Hans, um den sich vor allem die Oma kümmert, ist ein schwieriger Junge. Schon mit sieben oder acht Jahren geht er mit dem älteren Bruder und anderen Burschen auf Diebestour, vor allem Zigaretten und Wein sind begehrtes Diebesgut der Clique. Sonderschule, Spezialkinderheim und Jugendwerkhof sind ab der vierten Klasse sein wechselndes Zuhause. Es folgen Haftstrafen wegen Diebstahls und Brandstiftung und schließlich die gerichtliche Einweisung in die Neuruppiner Nervenklinik. Kaum aus der geschlossenen Abteilung im »Keller« entlassen, in der er als arbeitstherapeutische Behandlung Preisschilder und Kalender anfertigt, nutzt er die größeren Freiheiten erneut für Diebstähle und Ausbrüche, was ihm zunächst wieder den »Keller« einbringt. Und so kommt es, dass zwischen den Küsschen, dem Händchenhalten und auch sexuellen Berührungen am Geschlechtsteil zwischen Hanna, die in der Klinik als Diätköchin arbeitet, und Hans lange Zeit immer Gitterstäbe sind.

Dieses Getrenntsein soll ab dem 2. Februar 1981 ein Ende haben. Hans Reger darf aus dem »Keller« wieder in die Hofgruppe, die ihm größere Freiheiten ermöglicht. Die Erwartungen sind groß, erst recht nach dem letzten Brief seiner Geliebten. Der ist mit sexuellen Anspielungen, mit gezeichneten Symbolen und der Beschreibung von Träumen gespickt und mit dem Satz abgeschlossen: »Ich halte es kaum noch aus.«

Hans Reger hält es auch »kaum noch aus«. Die Verliebten nutzen die neu gewonnene Bewegungsmöglichkeit und streben unbeirrt das Kesselhaus der Anstalt an. Unter den Klinikinsassen ist es bekannt als Ort, an dem man ungestört kuscheln kann. Hans und Hanna küssen sich, sie lässt sich an die Brust fassen, die er mit Genuss tätschelt, und als Hanna ihre Hosen an den Beinen herunterrutschen lässt, streichelt er seine »Ehefrau« zwischen den Schenkeln. Zum Geschlechtsverkehr kommt es nicht, der soll, wie besprochen, erst nach der Entlassung aus der Nervenklinik in romantischer Umgebung vollzogen werden. Hans Reger ist dennoch glücklich, dass er sich mit seinem Mädchen richtig treffen kann und sie ihm mit der begrenzten Hingabe zeigt, dass sie sich wirklich nach ihm sehnt und ihn liebt. Reger glaubt, dass die intimen Anspielungen auf dem Briefpapier schon sehr bald und auch hinter Klinikmauern Wirklichkeit werden könnten.

Zufrieden verabredet sich das Paar für den nächsten Tag. Hans Reger holt seine Hanna um 13 Uhr von ihrer Arbeit in der Diätküche ab. Sie trinken Kaffee und sind bis 14 Uhr zusammen. Während Hanna frei hat, muss Hans noch bis 15.45 Uhr arbeiten und dann sofort nach Arbeitsschluss im Zimmer seines Klinikhauses sein. Er bittet die Arbeitstherapeutin, schon um 15 Uhr gehen zu können. Die aber lehnt ab. Es gelingt ihm trotzdem, etwas früher zu verschwinden. Bereits beim Abholen zum Kaffee war Reger nach dem aufreizenden Zusammensein am Vortag eine merkwürdige Zurückhaltung seiner Geliebten aufgefallen. Sie war still und reserviert, irgendwie verändert. Und sie bleibt es. Er kann sich ihr Verhalten nicht erklären, zumal sie auf seine drängenden Fragen keine Antworten gibt. Woher soll er wissen, was anderen bekannt ist: dass seine Hanna in der Vergangenheit öfter Beziehungen zu Männern angeknüpft hatte, die in geschlossenen Häusern untergebracht waren. So abgesichert konnte sie sexuelle Gedanken und Phantasien entwickeln, ohne sie in der Praxis erleben zu müssen, wie in einem ärztlichen Gutachten festgehalten ist. Offensichtlich habe sie Angst und Hemmungen, mehr als nur Küsschen, Händchenhalten oder Streicheln an intimen Stellen zuzulassen oder den Geschlechtsverkehr durchzuführen. So erklärt sich auch ihr Beharren darauf, die intimste Beziehung zwischen Frau und Mann erst außerhalb der Nervenklinik zu billigen.

Dennoch: Hanna und Hans gehen am Nachmittag des 3. Februar 1981 gemeinsam ins Kesselhaus, das Liebesnest der Klinikinsassen. Beide aber mit unterschiedlichen Gefühlen und Absichten. Auf der einen Seite der Mann, der »scharf« ist auf die Frau. Er will die angestauten Bedürfnisse und Erwartungen durch die rege Briefliebe der Vergangenheit und das kurze Zusammensein am Vortag jetzt erfüllen. Er kann nicht warten bis zur Entlassung aus der Klinik, die noch gar nicht abzusehen ist. Er ist überzeugt, endlich die Frau fürs Leben gefunden zu haben. Mit ihr will er zum Höhepunkt sexueller Beziehung gelangen. Er will nicht ewig weiter – wie fast immer in seinem bisherigen Mannesleben – sich durch Selbstbefriedigung einen Orgasmus verschaffen. Hanna Rose dagegen ist innerlich nicht bereit, zuzulassen und zu vollziehen, was sie in den vergangenen Monaten so sexy beschrieben hatte mit dem Verlangen nach dem Manne. Die Realität aber fürchtet sie, und die rückt hier, in dem Kesselhaus der Nervenklinik, für sie gefährlich nahe.

In einem Nebenraum des Kesselhauses legt sich das Paar auf Salzsäcke, die dort für den Winterdienst gelagert sind. Das Liebesspiel beginnt wie am Vortag. Hans wird immer erregter und drängender, doch die Frau, die neben ihm liegt, ist viel passiver als zuvor. »Warum? Was ist los? Ich denke, du liebst mich, wir lieben uns?« Antworten bekommt er nicht von Hanna. Die Küsse erwidert sie noch, auch die Brust darf er anfassen. Als er jedoch mit einer Hand zwischen ihre Schenkel unter den Schlüpfer fährt, springt die von Hans so begehrte Frau plötzlich auf, ohne ein Wort von sich zu geben. Das Stoppzeichen, das sie damit setzt, ist allerdings nicht eindeutig genug. Will sie nicht, oder ziert sie sich nur? Man schmust weiter, und die Erektion des Mannes muss auch Hanna an ihrem Körper spüren. Ihre Reaktion auf sein Drängen nach Geschlechtsverkehr ist für Hans Reger schmerzhaft. Als er eine Hand der Geliebten an seinen geöffneten Hosenschlitz mit der freiliegenden Männlichkeit führt, fasst Hanna Rose zu – nicht liebevoll, sondern so energisch, dass der Schmerz der malträtierten Hoden ihm durch Mark und Knochen fährt. »Bist du verrückt, lass das«, stößt er hervor. Die Frau, die sich deutlich gegen den Geschlechtsverkehr entschieden hat, umklammert seine Hoden nur noch fester.

Statt die deutliche Zurückweisung zu akzeptieren, schlägt Hans Reger der sexunwilligen Frau mehrfach mit der Faust ins Gesicht. Wut, Schmerz und Enttäuschung bündeln sich in der Härte der Hiebe. Die Frau sackt zusammen und schlägt dumpf mit dem Kopf auf dem Boden auf. Der verhinderte Liebhaber scheint zur Besinnung zu kommen. »Hanna, was ist mit dir? Bitte schau mich an!« Auf sein Rütteln und Schütteln an Kopf und Armen gibt es keine Reaktion. Angst wegen der Misshandlungen paart sich nun mit Eifersucht und Wut darüber, dass Hanna Rose seine Zuneigung mit dem Hodengriff genauso abgewiesen hat, wie sie es schon zuvor bei anderen Männern getan haben soll. Er würgt sein Opfer mit beiden Händen und mit aller Kraft und transportiert es in eine Kuhle zwischen den Salzsäcken. Er zerfetzt wie von Sinnen die Kleidung der Frau, bis Ober- und Unterkörper vollständig entblößt sind. Wenn ich sie nicht habe, soll sie auch kein anderer bekommen, schießt es ihm durch den Kopf. Mit voller Wucht drückt Reger seine Knie auf ihren Bauch und manipuliert mit mehreren Fingern an und in ihrer Vagina. Voller Wut beißt er in ihre Brüste, in die Beine sowie ins Gesäß. Bei ihm kommt es dabei zum Samenerguss. Erst als Blut aus dem Mund des Opfers tropft, hält er inne. Er deckt Hanna, die auf dem Papier schon seine Ehefrau war, mit seinem Jackett ab, stürmt aus dem Kesselhaus und verlässt die Nervenklinik, ohne dass ihn jemand aufhält.

Die Flucht von Hans Reger ist schnell beendet. Nur einen Tag später wird er von der Polizei aufgegriffen und zurück in die Nervenklinik gebracht. Eine Streife hatte ihn erschöpft und müde auf dem Gelände eines Holzhandelsbetriebs in Neuruppin überrascht. Er hatte sich ein Schläfchen gegönnt. Der Abend und die Nacht waren schließlich anstrengend gewesen – mit sechs Straftaten durch Einbrüche in Bungalows und in eine Gaststätte in Neuruppin. Neben Geld waren Zigaretten, Schnaps und Wein sein Beutegut.

Zurück gebracht in die Nervenklinik, wird er nach dem Verbleib von Hanna Rose befragt. Die Liebschaft zwischen den beiden Sechsundzwanzigjährigen war nicht unbemerkt geblieben. Er gibt sich als Unschuldslamm, das von nichts etwas weiß.

Hanna Rose wird erst am 7. Februar 1981 von einem Wärter in dem mit Salzsäcken gefüllten Nebenraum des Kesselhauses gefunden. Einen Tag später erlässt das Kreisgericht Haftbefehl gegen Hans Reger wegen Mordverdachts.

Das Bezirksgericht Potsdam verurteilt ihn im November 1981 wegen Mordes und weiterer, von ihm während seiner Flucht begangener Verbrechen zu einer Freiheitsstrafe von fünfzehn Jahren. Hemmungslos habe der Angeklagte das Leben des Opfers ausgelöscht, um seine egoistischen Ziele durchzusetzen, heißt es in der Urteilsbegründung. Strafmildernd wirkt sich die bei ihm diagnostizierte leichte Debilität aus.

Die Notwendigkeit für Festlegungen nach Verbüßung der Strafe sieht das Gericht nicht. Weiterer medizinischer Maßnahmen bedürfe es nicht, da schon bisher eine wesentliche Korrektur seines Verhaltens nicht erreicht werden konnte und Gleiches mit Wahrscheinlichkeit auch für die Zukunft zutreffen werde, lautet die fragwürdige Begründung.

Hans Reger verbüßte seine Strafe in der Justizvollzugsanstalt Bautzen. Das dortige Kreisgericht lehnte im Februar 1991 eine vorzeitige Entlassung ab. Ein Gutachter des Sächsischen Krankenhauses für Psychiatrie war nach seiner Untersuchung zu dem Schluss gekommen, dass nach Verbüßung der Strafe eine Einweisung in ein geschlossenes psychiatrisches Pflegeheim dringend notwendig sei.

Aufgelauert. Vergewaltigt. Ausgesetzt.

Mittwoch, 27. Juni 1990, gegen Mittag

An der Kreuzung einer Straße, die zwei Gemeinden im Kreis Finsterwalde, dem heutigen Elbe-Elster-Kreis, miteinander verbindet, steht am Rande eines abzweigenden Feldwegs ein weißer »Mercedes«. Der Fahrer im Alter von etwa fünfunddreißig Jahren lehnt lässig an seinem Gefährt und beobachtet die Gegend. Aufmerksam registriert er den Verkehr auf der schmalen Straße. Der »Mercedes« hat ein Wiesbadener Kennzeichen. So etwas fällt jetzt, in der Wendezeit, natürlich auf. Eine Stunde später ist von dem Auto und seinem Fahrer nichts mehr zu sehen. Hatte er nur eine kurze Rast gemacht? Sich von einer langen Autofahrt erholt? Die Anschlussstelle Ortrand der Autobahn Berlin–Dresden ist nicht weit.

Donnerstag, 28. Juni 1990, gegen 6.30 Uhr

Zwei Mädchen, Monika und Jasmin, sind mit ihren Fahrrädern auf dem Weg zur Schule. In einer Woche hat Monika Geburtstag, und die Sommerferien beginnen genau an diesem Tag. Das ist doppelter Grund zur Freude. Die Mädchen radeln dahin, reden vielleicht über ihre Ferienpläne und über Monikas Geburtstag. Sie wird vierzehn Jahre alt. Den Mann am Rande des Feldwegs beachten sie nicht. Der scheint ohnehin in

Gedanken woanders zu sein. Jedenfalls macht er keine Anstalten, mit den Mädchen Kontakt aufzunehmen. Ein paar Meter weiter hat Monika Pech. Etwas am Sattel Befestigtes hat sich selbständig gemacht. Das Mädchen hält an, holt sich das verlorene Stück. Die Schulkameradin Jasmin ist derweil langsam weitergefahren.

Als Monika das verlorene Teil auf ihr Gefährt montieren will, steht plötzlich der Mann am Wegesrand hinter ihr, legt seinen Arm um ihren Hals und droht: »Wenn du schreist, bringe ich dich um.« Die Dreizehnjährige bekommt Todesangst. Sie wehrt sich nicht gegen den viel stärkeren Mann. Und schreien kann sie auch nicht. Der Täter hält ihr mit der einen Hand den Mund zu, mit der anderen wirft er das Fahrrad zu Boden und zerrt das Mädchen zu seinem Auto, einem weißen »Mercedes«. Er stößt Monika auf die hintere Bank. »Leg dich jetzt hin und sei ruhig. Dann passiert dir auch nichts«, herrscht er sein Opfer an. Kein eventuell Vorbeifahrender könnte das völlig verängstigte Kind auf der Rückbank sehen. Der Mann fährt mit dem Auto durch Finsterwalde in Richtung Elsterwerda. Er scheint sich in der Gegend auszukennen, gibt sich aber harmlos. »Wie alt bist du?«, fragt er.

»Ich bin dreizehn, werde in einer Woche vierzehn«, flüstert Monika, die vor Angst zittert.

Wenige Kilometer hinter Elsterwerda biegt der Täter plötzlich in einen Waldweg ein, an dessen Ende ein Bienenwagen steht. An einer Stelle, die von hohem Farn kaum einzusehen ist, hält der Fahrer an, steigt aus dem Auto und umgehend wieder ein zu dem auf der Rückbank liegenden Kind. »Los, schieb den Pulli hoch«, fordert der Entführer. Er manipuliert mit den Händen an der Brust des Mädchens. Es genügt ihm nicht, der Mann will mehr. »Zieh dich unten rum aus«, ist der nächste Befehl. Es bleibt nicht nur bei der Manipulation mit den Fingern. Der Täter vergewaltigt das Mädchen. Vor Schmerzen weint es. »Hör bitte auf, du tust mir weh«, fleht das Kind. Gnade kennt der Vergewaltiger nicht. »Hier gibt's nichts mit aufhören«, höhnt er. Sein skrupelloses Verhalten kennt keine Grenzen. »Hat deine Freundin mehr Haare als du?« Auf das geflüsterte »Ja« kommt die zynische Erwiderung: »Dann hätte ich lieber die nehmen sollen.«

Nachdem der Mann seinen Orgasmus hatte, darf Monika aussteigen. Doch das Martyrium hat damit noch längst kein Ende. »Zieh dich an«, befiehlt er. Dann drängt der Vergewaltiger Monika wieder auf den Rücksitz und fährt mit dem verzweifelten Kind weiter. Bei Ortrand erreicht er die Autobahn nach Dresden. Am Kilometerhinweis »126,5« lenkt der Unbekannte das Auto auf den Randstreifen, schaltet die Warnblinkanlage des »Mercedes« ein und schleppt sein Opfer in den angrenzenden Wald. Dort muss sich das entführte Mädchen wieder entblößen und erneut eine sexuelle Tortur über sich ergehen lassen. Gönnerhaft kommandiert er nach der zweiten Vergewaltigung: »Bleib hier stehen und warte, ich hole Wasser. Dann kannst du dich saubermachen.« Der Täter hat nichts davon im Sinn. Er verschwindet und überlässt das geschundene und ausgesetzte Mädchen sich selbst. Per Anhalter gelangt Monika in die Nähe eines Pflegeheims. Von dort wird die Polizei benachrichtigt.

Es gehört bei derartigen Verbrechen, wie das an der noch immer kindlichen Monika, zur kriminalistischen Routine, in Karteien von verurteilten Sexualstraftätern zu fahnden. Das Opfer hat dafür mit seinen Aussagen wertvolle Hinweise geliefert. Monika kann eine ziemlich genaue Täterbeschreibung geben, einschließlich der Tätowierung eines Frauenkopfs mit langen Haaren am linken Unterarm.

Es sind Aussagen des Mädchens, die die Ermittlungen wesentlich beschleunigen. Gut zwei Wochen nach der Tat werden Monika fünf Lichtbilder vorgelegt. Sie stammen von Männern etwa im Alter von Mitte dreißig, die alle Oberlippenbart tragen und bis auf eine Ausnahme dunkelhaarig sind. »Auf Anhieb und ohne zu zögern«, wie ein Kriminalist als Zeuge vor Gericht sagen wird, habe das Opfer seinen Peiniger erkannt.

Gerd-Frank Hüter, der sechsunddreißig Jahre alte Mann mit dunklen Haaren und einem Oberlippenbart auf dem von Monika erkannten Foto, ist für Polizei und Justiz kein Unbekannter. 1954 in Eggersdorf in der Nähe von Berlin geboren, gerät er schon früh in Schwierigkeiten. Die Familie ist groß, Gerd-Frank hat noch vier Geschwister. Die Eltern haben eine kleine Landwirtschaft und wenig Zeit. Der Junge nutzt das aus. Nach acht Schuljahren erreicht er nur das Ziel der siebten Klasse. Die Lehrer vermissen den Schulschwänzer immer öfter im Unterricht. Er wird in einen Jugendwerkhof, eine Einrichtung in der DDR für schwererziehbare Jugendliche, eingewiesen, aus der er wiederholt ausbüxt. 1971 wird er erstmals wegen Diebstahls gerichtlich zur Verantwortung gezogen und in ein Jugendhaus eingewiesen. Es folgen insgesamt sieben weitere Strafen. Diebstahl und unbefugtes Benutzen eines Kraftfahrzeugs, Betrug und Urkundenfälschung sind die vergleichsweise harmlosen Straftaten gegenüber den danach folgenden zwei Verbrechen:

Dezember 1984

Das Kreisgericht Luckau verurteilt Gerd-Frank Hüter wegen Vergewaltigung eines Mädchens im schweren Fall zu einer Freiheitsstrafe von zwei Jahren und sechs Monaten.

Was war geschehen?

Im September 1984 war Gerd-Frank Hüter mit einem Moped von Finsterwalde nach Calau unterwegs. Er machte Bekanntschaft mit einer Schülerin, die sich auf dem Heimweg befand. Er nahm sie auf dem Sozius des Mopeds mit und ließ sie auch ein Stück selbst fahren. In einem Wäldchen machten sie Pause. Man quatschte über dies und das, auch über sexuelle Themen. Der junge Mann rückte an das Mädchen heran, berührte dessen Oberschenkel, streichelte es und legte den Arm um dessen Hüfte. Als die Schülerin forderte, das zu unterlassen, bedrohte er sie. »Du kommst nicht eher weg, bevor ich nicht alles gesehen und erreicht habe.« Und weiter: »Wenn du nicht ruhig bist, bleibst du für immer hier liegen.« Als das Mädchen flüchten wollte, stellte er ihr ein Bein, so dass es stürzte. Aus Angst leistete das Opfer keinen Widerstand mehr. Es musste die Brust und den Unterkörper entkleiden. Der Täter erzwang den Geschlechtsverkehr, fuhr nach seiner Befriedigung mit dem Moped weg und ließ die Schülerin allein zurück.

Januar 1989

Das Kreisgericht Bad Liebenwerda verurteilt Gerd-Frank Hüter wegen Vergewaltigung im schweren Fall zu einer Freiheitsstrafe von vier Jahren und sechs Monaten.

Was war geschehen?

Im Mai 1988 bot Hüter einer Tramperin an, sie mit seinem Auto zu ihrem Ziel nach Maasdorf bei Finsterwalde zu fahren. Dort angekommen, weigerte er sich trotz mehrfacher dringlicher Aufforderung, die Beifahrerin aussteigen zu lassen. Er bog mit ihr stattdessen in einen Feldweg ein. Die Frau versuchte unterwegs, die Beifahrertür zu öffnen. Um das zu verhindern, drückte er ihr mit aller Kraft seinen Unterarm gegen den Hals. Beeindruckt von verbaler und körperlicher Gewalt, leistete die Frau aus Angst um ihr Leben keinen Widerstand mehr gegen den vom Täter geforderten Vollzug des Geschlechtsverkehrs, den er auf dem Beifahrersitz erzwang. Die

Frau konnte fliehen, merkte sich aber das Autokennzeichen.

Überraschend muss Hüter diese Strafe aufgrund eines Gnadenerlasses der DDR-Staatsführung nur zu einem geringen Teil verbüßen. Nach seiner Entlassung auf Bewährung im März 1990 folgt er seiner neuen Lebensgefährtin, die nach Lüneburg in Niedersachsen gezogen war. Seine 1984 geschlossene Ehe war wegen der Sexualstraftaten in die Brüche gegangen. Als dem Paar die Wohnung in Lüneburg gekündigt wird, kehren beide in den Osten, nach Dresden, zurück. Das Zusammensein mit seiner Lebenspartnerin ist für ihn nur von kurzer Dauer. Auf ihm lastet der dringende Verdacht, dass er, kaum aus dem Gefängnis entlassen, erneut ein schweres Sexualverbrechen begangen hat. Am 18. September 1990 wird Gerd-Frank Hüter aufgrund des Haftbefehls des Kreisgerichts Finsterwalde deshalb in Dresden verhaftet.

Ende August, Anfang September 1991

Der 1. Strafsenat des Bezirksgerichts Cottbus verhandelt über das Verbrechen, begangen an der dreizehnjährigen Monika, der Hüter laut Anklage der Staatsanwaltschaft Cottbus auf einem Feldweg im Kreis Finsterwalde aufgelauert haben soll und die er dann entführt, vergewaltigt und ausgesetzt habe. Gestanden hat er die Tat im Ermittlungsverfahren nie. Und er wird das auch in der gerichtlichen Hauptverhandlung nicht tun. Er schweigt eisern. Hüter will am Tattag in Lüneburg gewesen sein. Am Vortag habe er sich gegen 14.30 Uhr mit seiner Stieftochter in Guben getroffen. Dann sei er gegen 17.30 Uhr nach Niedersachsen gefahren, hatte er bei den Vernehmungen durch die Polizei seine Unschuld begründet.

Tatsache ist, dass sich der Besitzer eines weißen »Mercedes«, wie ihn auch Gerd-Frank Hüter zu der Zeit besaß, am Vortag ohne ersichtlichen Grund am Sechsrutenweg aufgehalten hat. Eine Zeugin sagt vor Gericht aus, dass der Mann am linken Arm eine Tätowierung hatte. Allerdings berichtet sie auch von einem Wiesbadener Kennzeichen am Auto. Eine Verbindung von Hüter nach Wiesbaden ist allerdings nicht ermittelt worden. Zudem blieb das Nummernschild des späteren Tatfahrzeugs, eines weißen »Mercedes«, unbekannt.

Eine zweifelsfreie Entlastung für den Angeklagten sehen die Richter darin nicht. »Ein vorausdenkender Täter, um den es sich ja dann handeln müsste, würde allen Grund gehabt haben, sich mit einem gefälschten Autokennzeichen zu versehen«, so das Gericht. Zugunsten des Angeklagten gehen die Richter nach Ende der Beweisaufnahme dennoch nachdrücklich davon aus, dass Hüter nicht der Mann mit dem »Mercedes« vom Vortag war.

Schwer wiegen dagegen die Aussagen des vergewaltigten Mädchens und die anderer Zeugen. Das Opfer habe schon im Ermittlungsverfahren auf die Tätowierung am linken Arm seines Peinigers, einen Frauenkopf mit langen Haaren, hingewiesen, heißt es dazu in der Urteilsbegründung. Während Tattoos heute zum »Modeschmuck« auf nackter Haut von Frauen und Männern gehören, waren solche Tätowierungen früher »Markenzeichen« vor allem für ehemalige Gefängnisinsassen, die viel Zeit und Muße zum Stechen derartiger Bildchen hatten. Der Angeklagte gehört ohne Zweifel zu diesem Kreis. Im Gerichtssaal schaut sich das Mädchen - wie schon zuvor auf den Fotos bei der Polizei - die Tätowierung auf dem Arm des Angeklagten in natura lange und sorgfältig an und identifiziert sie als übereinstimmend mit der ihres Peinigers.

Überraschend präsentiert der Verteidiger Hüters am zweiten Verhandlungstag im September 1991 ein an ihn gerichtetes Schreiben seines Mandanten, das dieser am 27. September 1990, also kurz nach seiner Verhaftung, verfasst hatte. Demnach habe er, Hüter, am Vormittag des Tattags, am 28. Juni 1990, bei einer Firma in Lüneburg Waren im Wert von 245,- DM gekauft. Ein auf diese Summe ausgestellter Bon trägt in der Tat das Datum vom 28. Juni 1990. Eine Uhrzeit ist auf dem Kassenbeleg allerdings nicht vermerkt. Zudem sei sich ein Zeuge nicht sicher, ob er Hüter am 28., 29. oder gar erst am 30. Juni in Lüneburg getroffen habe. Wenn der Angeklagte sofort nach der Tat nach Lüneburg gefahren ist, hätte er genügend Zeit gehabt, den Einkauf noch vor Ladenschluss abzuwickeln, so das Gericht. Von der Autobahnauffahrt Ortrand kann man über die A13 und die A24 in viereinhalb Stunden in Lüneburg sein.

Montag, 9. September 1991

Das Bezirksgericht Cottbus verurteilt Gerd-Frank Hüter wegen Vergewaltigung in Tateinheit mit sexuellem Missbrauch eines Kindes zu einer Freiheitsstrafe von sechseinhalb Jahren. In der Urteilsbegründung des Gerichts heißt es: »Die Art, wie er das arglose Mädchen, zu dem er ohne Beziehung ist, überrumpelt und es auf dem Schulweg in seine Gewalt bringt, um es seinem sexuellen Appetit, solange er anhält, zu unterwerfen, danach es mitten im Wald seinem Schicksal zu überlassen, zeugt von einer Niedertracht, die auch in Vergewaltigungsfällen nicht gewöhnlich ist.« Das Mädchen, das erst dreizehn Jahre alt war, habe bei seiner Vernehmung »einen sehr geängstigten, sehr verstörten Eindruck« gemacht. Der Senat sehe darin »augenfällig die Nachwirkungen der Tat, die das bis dahin sexuell unberührte, behütet aufgewachsene Mädchen zutiefst verletzt hat«.

Das Strafgesetzbuch der DDR, das in diesem Verfahren noch Anwendung fand, drohte für eine Tat an einem Mädchen unter sechzehn Jahren eine Freiheitsstrafe von zwei bis zehn Jahren an. Welche Milderungsgründe das Gericht erkannte, ist dem Urteil nicht zu entnehmen.

Der Friedhofsmörder

9. Januar 1979, morgens um 7.30 Uhr in Fürstenwalde

Margarete Franzke prüft noch einmal, ob der grüne Parka ihrer Tochter Janine richtig sitzt, um die Winterkälte abzuhalten. Mit einem Küsschen verabschiedet sie ihr dreizehnjähriges Mädchen in die Schule. Der Weg zur Schule ist nicht lang. Er führt über den Alten Friedhof der Stadt von der Wilhelmstraße zur Frankfurter Straße. Viele Male hat ihn Janine schon allein zurückgelegt.

Zwei Stunden früher

Gegen 5.45 Uhr hat Karsten Lochner die elterliche Wohnung in der Mozartstraße verlassen, um pünktlich zum Schichtbeginn auf seiner Arbeitsstelle im Volkseigenen Betrieb (VEB) Getreidewirtschaft Fürstenwalde sein zu können. Der zweiundzwanzig Jahre alte Betriebsschlosser fühlt sich unwohl. Eine Grippe scheint sich anzubahnen. Auf seiner Arbeitsstelle angekommen, meldet er sich kurz nach 7 Uhr bei seinem Werkstattleiter ab. »Ich muss in die Stadt in die Poliklinik. Der Betriebsarzt ist heute nicht da«, so die Begründung gegenüber seinem Chef für den Arztbesuch außerhalb des Betriebs.

Mittags, gegen 12.30 Uhr

In der Wilhelmstraße erwartet Margarete Franzke die Rückkehr ihres Schulkinds nach vier Stunden Unterricht. Janine aber lässt auf sich warten. Sonderlich beunruhigt ist die Mutter zunächst nicht. »Sie wird wohl gleich zum Fotografen gegangen sein, um sich Bilder machen zu lassen. Habe ich wahrscheinlich vergessen«, sagt sie sich. Lange hält diese Ruhe nicht an. Eigentlich war Janine immer pünktlich nach Hause gekommen.

Am selben Tag, gegen 17 Uhr

Draußen bricht die Dunkelheit herein, und Janine ist noch immer nicht daheim. Oft schon hat Margarete Franzke vom Fenster aus nach draußen geschaut. Die innere Unruhe ist kaum noch zu ertragen. Sie steigert sich zu panischer Angst, als sie bei Nachforschungen bei Klassenkameradinnen und Klassenkameraden erfährt, dass Janine gar nicht in der Schule war. Noch nie hatte sie den Unterricht geschwänzt. Auch Verwandte, Bekannte und Freunde können nicht weiterhelfen. Die Suche rechts und links des Schulwegs quer über den Alten Friedhof bleibt ergebnislos. Es gibt keinen Hinweis, keine Spur zum Verbleib des Kindes.

Später Abend, gegen 21.30 Uhr

Während Margarete Franzke völlig aufgelöst bei der Polizei ihr Kind als vermisst meldet, bittet Ehemann Manfred seinen Bekannten Horst Gattner um Hilfe. Gattner nimmt seinen Hund an die Leine und gemeinsam mit Franzke und dessen beiden älteren Töchtern suchen sie im diffusen Licht von Straßenlaternen und mit Taschenlampen bewaffnet die Umgebung des Alten Friedhofs und die Wege ab. An einer Friedhofsmauer entdeckt Horst Gattner schließlich hinter einer alten Grabstelle eine Schultasche. Es ist die der vermissten Janine. Dann wird das Schlimmste aller Befürchtungen zur grausamen Gewissheit. Hinter dem Gebüsch an der Friedhofsmauer liegt Janine im Schnee. Ihr Körper ist mit Stichwunden übersät. Es sind, wie Gerichtsmediziner später feststellen, über vierzig Messerstiche in Herz, Zwerchfell, Magen, Leber, Bauchspeicheldrüse, linke Lunge, Hals und die Körperhauptschlagader.

Viele Stunden zuvor, morgens kurz nach 7.30 Uhr

Janine Franzke und Karsten Lochner begegnen sich auf dem Hauptweg des Alten Friedhofs, der tief verschneit ist und Ruhe ausstrahlt. Janine ist auf dem Weg zur Schule. Karsten Lochner will zum Arzt. Eile hat er nicht. Erst recht nicht, als er die Schülerin erblickt. Beim Anblick des Kindes nehmen in seinem Kopf Bilder eines Films Gestalt an, den er vor wenigen Tagen im BRD-Fernsehen konsumiert hatte. Darin waren Sex-Szenen in großer Offenheit dargestellt. Beim Anblick des Schulmädchens ist er sofort erregt. Die sexuelle Triebhaftigkeit in seinem Inneren ist übermächtig. Lochner beherrscht in diesem Moment nur ein Gedanke: Ich will jetzt und sofort Geschlechtsverkehr. Seit Wochen vermisste er ihn schon. Seine zwanzig Jahre alte und bereits zweite Verlobte ist schwanger. Sie wird im April entbinden und will zum Schutz des heranwachsenden Lebens in ihrem Mutterleib keinen intimen Kontakt. So jedenfalls begründete die junge Frau wieder und immer wieder ihre Absage an die sexuellen Wünsche ihres Partners. So war es auch am Abend zuvor.

Lochner spricht das Mädchen auf dem Friedhof an. Er schätzt ihr Alter auf dreizehn bis fünfzehn Jahre. »Wo willst du denn hin?«

Die Antwort findet er augenscheinlich auf dem Rücken des Kindes. »In die Schule natürlich.«

»Na, da hast du doch bestimmt noch fünf Minuten Zeit«, antwortet er und ergreift den Arm des Mädchens. Es ist seine Art, Kontakte zum anderen Geschlecht anzubahnen. Oft genug hat er Frauen auf offener Straße angequatscht und empörte Zurückweisungen hinnehmen müssen. Besonders wütend machten ihn verächtliche Äußerungen wegen seines linken »Klappauges« mit dem herunterhängenden Augenlid, das ein bleibendes Mal einer kindlichen Verletzung ist. Dann hat er sich einfach genommen, wonach ihm begehrte. Er hat Frauen und Mädchen an den Brüsten und zwischen den Schenkeln begrabscht, sie gegen deren Willen geküsst, seinen Unterleib mit dem erigierten Penis an deren Körper gepresst. Der Polizei ist er deswegen mehr als bekannt, und einmal war es nicht bei Ermahnungen und Verwarnungen wegen solcher Belästigung geblieben. Im April 1976 hatte ihn das Kreisgericht Fürstenwalde wegen Nötigung und sexuellen Missbrauchs einer Frau zu einer Freiheitstrafe von einem Jahr ohne Bewährung verurteilt. Die Strafe verbüßte er in den Haftanstalten in Schwarze Pumpe und Luckau, wobei er gegenüber Mitgefangenen tunlichst verschwieg, dass er wegen »Sitte« einsaß. »Die hätten mich doch sonst noch ganz anders schikaniert«, so seine Begründung. Die Gefängnisleitung schätzte vier Monate vor der Entlassung Lochner als einen Strafgefangenen ein, der im Kollektiv der Häftlinge vorlaut und anmaßend auftrete und nur wenige Schlussfolgerungen aus seiner Straftat gezogen habe. Für sich allerdings schwört er: »Ins Gefängnis gehe ich nicht mehr.«

Ob Lochner jetzt, bei der schicksalhaften Begegnung mit Janine Franzke, an diesen innerlichen Schwur denkt?

Wohl kaum. Sexuelle Gier und Triebhaftigkeit bestimmen sein Handeln auf dem winterlich verschneiten Alten Friedhof in Fürstenwalde, auf dem es in diesem Moment nur das Kind und ihn gibt und sonst keine andere Menschenseele. Er greift sein Opfer am Arm und herrscht das verschreckte Kind an: »Los, hab dich nicht so und komm mit!« Janine Franzke bettelt, dass er sie loslassen möge, weint und ruft nach Hilfe. Die Antwort des Mannes, der viel stärker ist als das zierliche Mädchen, sind Schläge mit der Hand in das Gesicht des Kindes, das er in ein Gebüsch an der Friedhofsmauer zerrt, welches vom Hauptweg aus von vorbeihastenden Fußgängern nicht einsehbar ist. »Hör auf, zu heulen, und schnall deinen Ranzen ab«, faucht er Janine an. Voller Angst gehorcht die Dreizehnjährige. Sofort drängt sich der Täter an das Mädchen, versucht, es zu küssen, schiebt den Pullover, den es unter dem Parka trägt, nach oben und begrabscht die Brust. »Na ja, viel ist ja noch nicht dran«, kommentiert er herablassend. Zur Vernunft bringt ihn diese Kindlichkeit des Opfers nicht. Er öffnet die Hose des Mädchens und greift in den Schlüpfer. Mehr noch, er fordert das Kind auf, an ihm zu onanieren. Einmal - und noch einmal - und noch einmal. Der Täter ergreift das Kind, setzt es auf die Mauer, presst die Beine des Mädchens auseinander und vergeht sich erneut. Das Mädchen wehrt sich, weint, schreit, bettelt. Die einzigen Reaktionen des Täters sind Schläge ins Gesicht des Opfers.

Als der Kinderschänder von Janine nach seiner erzwungenen sexuellen Befriedigung ablässt, haut ihm das Mädchen den Schulranzen auf den Kopf. »Du Schwein, du Drecksau«, schreit das Kind heraus und ordnet seine Kleidung. Dabei wendet das Opfer seinem Peiniger den Rücken zu und sagt: »Ich zeige dich bei der Polizei an, und dann kommst du ins Gefängnis.«

Es ist eine verständliche Drohung angesichts des eben erlebten Traumas, doch sie ist gefährlich.

Karsten Lochner weiß um die Konsequenzen. »Ich gehe nie wieder ins Gefängnis«, dieser einst gefasste Entschluss beherrscht ihn. »Ich musste das Mädchen auslöschen. Ich sah keinen anderen Ausweg mehr. Ich wollte mir mein weiteres Leben glücklich aufbauen. Ins Gefängnis zu kommen, wäre für mich das Schlimmste. Ich dachte, ich werde dann nicht als Täter ermittelt und hätte ein freies Leben gehabt. Deshalb zog ich es vor, das Mädchen zu töten. Sie durfte nichts mehr sagen. Wer tot ist, kann nicht mehr sprechen und auch nicht zur Polizei gehen«, wird er später in einem Lebenslauf schreiben. Als Janine ihm den Rücken zugewandt hat und ihre Kleidung ordnet, holt der Täter aus seiner Winterjacke das Taschenmesser heraus, das er immer bei sich trägt, und sticht wild und wie von Sinnen auf das schmächtige Kind ein. Janine hat keine Chance. Der Mörder löscht ihr Leben auf dem Alten Friedhof aus.

Um seine Tat zu vertuschen und eine Entdeckung zu erschweren, zerrt er den Leichnam hinter eine entferntere Grabstelle. Er reinigt sich, verwischt die Blutspuren mit Schnee, versteckt das Taschenmesser in einer Schneewehe und verlässt den Friedhof. An einer Bushaltestelle plaudert er mit Bekannten ungezwungen über Alltägliches. In der Poliklinik lässt er sich wegen eines grippalen Infekts krankschreiben. Auf dem Rückweg zum Betrieb, wo er seinen Krankenschein abgeben will, überquert er den Friedhof, um zu erkunden, ob noch alles »in Ordnung« ist. Er gibt die Arbeitsbefreiung beim Meister ab, reinigt im Umkleideraum noch einmal seine Kleidung, trinkt im Speisesaal eine heiße Milch und macht sich auf den Weg nach Hause. Wieder führt ihn dieser über den Friedhof, dessen Gräber noch immer unberührt in der Winterlandschaft liegen.

Die Hoffnung, dass er niemals als Täter ermittelt wird, erfüllt sich nicht. Nach dem Auffinden des toten Kindes steht kurze Zeit später die Polizei vor der elterlichen Wohnung in der Mozartstraße und nimmt Karsten Lochner, der der Polizei als Sexualstraftäter und Frauenbegrabscher bekannt ist, als Tatverdächtigen fest. Er gesteht nach anfänglichem Leugnen noch in der Nacht die Tat. Allerdings behauptet er sofort und später in einer Vielzahl von Vernehmungen bei der Kripo, dass das Mädchen bei den sexuellen Handlungen freiwillig mitgemacht und Spaß daran gefunden habe. In den Vernehmungsprotokollen finden sich allerdings zahlreiche detaillierte Schilderungen, zu welchen sexuellen Handlungen er sein Opfer gezwungen hat, die einzig und allein seiner Befriedigung dienten.

Das Bezirksgericht Frankfurt (Oder) verurteilt Karsten Lochner nach nur einem Verhandlungstag im September 1979 zu einer lebenslangen Freiheitsstrafe. Die Richter beschreiben in ihrer Urteilsbegründung den Angeklagten als einen egozentrischen, triebhaften, bildungsarmen, aber dennoch intelligenten, gefühlskalten Menschen, der jederzeit sein Verhalten steuern kann und ein hohes Maß an Anpassungsvermögen besitzt. Im Oktober 1979 bestätigt das Oberste Gericht der DDR das Urteil.

Die Akte Karsten Lochner ist nach diesem Urteil aber noch lange nicht geschlossen. Denn anders als in den meisten Fällen wird der Mörder Karsten Lochner nach der Verbüßung von fünfzehn Jahren Gefängnis nicht auf Bewährung entlassen. Er muss knapp vierzig Jahre hinter Gittern der Justizvollzugsanstalten in Brandenburg an der Havel, in Cottbus-Dissenchen und in Duben (Landkreis Dahme-Spreewald) verbringen.

Vor allem in den ersten Jahren in der Justizvollzugsanstalt in Brandenburg an der Havel vergeht kaum ein Jahr ohne zahlreiche Disziplinarverstöße. Er zwingt Mitgefangene zum Oralverkehr, fertigt eine Stichwaffe an, besorgt sich Alkohol, prügelt sich mit Häftlingen und greift Wärter an. Es folgen Zeiten, in denen er zur Besinnung zu kommen scheint. Mehrfach besteht er begleitete Ausführungen außerhalb des Gefängnisses ohne jegliche Beanstandungen, die ihm Hafterleichterung einbringen. Er darf am Grab seiner inzwischen verstorbenen Eltern, die ihn bis zuletzt besucht hatten, in Stille verweilen. Er wird auch zum Grab von Janine Franzke, des Opfers seiner grausamen Tat, geführt. Doch nachhaltige Besinnung tritt nicht ein. Immer wieder gibt es hinter den Gefängnismauern Rückfälle. Als er einen Mitgefangenen zu sexuellen Handlungen nötigt und ihm im Falle einer Anzeige mit Mord droht, werden ihm Hafterleichterungen entzogen.

Mit einem Mann, der ebenfalls wegen Mordes seine lebenslange Freiheitsstrafe verbüßt, kommt es zu einer intimen Beziehung. Er möchte ihn heiraten und die Unterbringung in einem gemeinsamen Haftraum erzwingen, um dort wie ein Ehepaar zu leben. Als die Anstaltsleitung dem nicht stattgibt, droht er damit, »ein Ding gucken zu lassen«. Er kündigt einen Selbstmord an, spricht von einer Geiselnahme, tritt in einen Hungerstreik, konsumiert Cannabis und handelt mit Rauschgift. Die Beziehung zu dem Mann, der sein Geliebter geworden ist, erstreckt sich über sechs Jahre, dann zerbricht sie wegen der »Untreue« des Partners. Die Situation spitzt sich zu, als Lochner sowohl eine Vollzugsbedienstete als auch eine Psychologin massiv bedroht und erklärt, er werde »diese Frauen jagen und sie zu Krüppeln machen«.

Im Dezember 2004 wird Lochner in die neu errichtete Haftanstalt in Cottbus-Dissenchen und ein Jahr später nach Duben verlegt. Er wird wesentlich ruhiger, auch wenn er »Ordnungsbackpfeifen« verteilt, wenn ihn andere Häftlinge einen »Kinderficker« nennen.

Zweimal stellt er, in den Jahren 2006 und 2012, einen Antrag auf Aussetzung seiner lebenslangen Freiheitsstrafe auf Bewährung. Gutachter diagnostizieren jedoch nach wie vor eine Gemeingefährlichkeit und die Notwendigkeit weiterer Therapiemaßnahmen. Man vermisse in den Schilderungen von Lochner jegliches Bedauern oder leidvolles Mitfühlen am Martyrium eines zufällig zum Opfer eines Sexualmordes auserwählten Schulmädchens. Stattdessen spüre man das von Selbstmitleid und Egozentrik getragene Bedauern, seit drei Jahrzehnten an einem Leben in Freiheit gehindert worden zu sein, heißt es in den Expertisen.

Gerichte folgen dieser Einschätzung.

Im Jahr 2015 wird von der Strafvollstreckungskammer des Landgerichts Cottbus ein weiteres psychiatrisches Gutachten angefordert zu der Frage, ob von Lochner weiterhin eine Gefahr ausgeht oder ob erwartet werden kann, dass er in Freiheit keine Straftaten mehr begehen wird. Ein anerkannter Experte für forensische Psychiatrie der Charité Berlin kommt zu dem Schluss, dass der achtundfünfzig Jahre alte Karsten Lochner, der inzwischen Kontakte zur Hilfsorganisation Humanitas e.V., einem Verein der Freien Straffälligenhilfe in Brandenburg an der Havel, aufgenommen hat, in den fast vier Jahrzehnten Haft erwachsen wurde und richtig erwachsen ist. Der Täter habe inzwischen glaubhaft erkannt, dass nicht das Opfer durch die Abwehrreaktion und die Drohung, alles bei der Polizei anzuzeigen, Mitschuld habe, sondern dass er ganz allein die Verantwortung für den sexuellen Missbrauch und den Mord an Janine Franzke trage. Bei einer gezielten Vorbereitung auf das Leben in Freiheit befürwortet der Gutachter eine Aussetzung der Haftstrafe frühestens im Jahr 2016.

Auf Beschluss der Strafvollstreckungskammer des Landgerichts Cottbus wird Karsten Lochner im April 2017 auf Bewährung aus der Haft entlassen.

Eifersucht

Es ist nur ein Messerstich. Der aber ist mit aller Kraft ausgeführt. Die 18 Zentimeter lange und 2,3 Zentimeter breite Klinge des Küchenmessers trifft den Mann, der am Wohnzimmertisch sitzt, von vorn tief in die linke Brust. Es steckt fast bis zum Schaft im Körper des Opfers. Nach dem Herausziehen fällt die Tatwaffe achtlos auf den Fußboden. Das Leben des Niedergestochenen hängt am seidenen Faden. Blutig endet eine Neujahrsnachfeier in der Nacht vom 2. zum 3. Januar 1990 in Cottbus.

Cottbus ist eine Stadt der Gegensätze. Als Zentrum der Kohle- und Energiewirtschaft hat es Zehntausende Menschen in die Lausitz gezogen. In großer Zahl wohnen und leben sie in den Plattenbau-Wohngebieten in Sachsendorf, Sandow oder Schmellwitz. Die Häuser und Wohnungen mögen nicht schön sein im Sinne der Ästhetik, doch sie sind fernbeheizt, haben fließend warmes Wasser, und die Wege in Kindereinrichtungen, Kaufhallen und Gaststätten sind kurz. Das Zentrum der Hunderttausend-Einwohner-Stadt in der Altstadt wird geprägt durch das »konsument«-Warenhaus, das *Sternchen*, eine gemütliche Mokka-Milch-Eisbar, durch Verkaufspavillons und Gaststätten. Die bürgerlichen Mehrfamilienhäuser, die den Altmarkt und die Straßen hinter dem Neubauzentrum säumen, fristen allerdings ein bemitleidenswertes Dasein. Einige von ihnen sind immer noch durch die Wunden des Zweiten Weltkriegs gezeichnet. Die Familien-, Lebens- und Nachbarschaftsverhältnisse in den heruntergekommenen Häusern sind nicht selten verwirrend.

In einer Wohnung eines solchen Hauses in der Altstadt lebt Familie Lusch in ziemlich beengten Verhältnissen. Zu den Bewohnern der, heute würde man sagen: »Patchworkfamilie« gehören Mutter Martha sowie ihre beiden erwachsenen Töchter Monika, die ältere, und Karola. Beide haben je ein uneheliches Kind. Hinzu kommt Karsten Klauser, ein Mann, der von einer geregelten Arbeit nichts hält und sich von den Frauen aushalten lässt. Allerdings hat er fleißig für Familienzuwachs bei Familie Lusch gesorgt. Zunächst pflegte er ein intimes Verhältnis mit Monika und zeugte mit ihr ein Kind, dann wechselte er zu ihrer jüngeren Schwester Karola und schwängerte auch diese. Hinzu gesellt sich Nachbarin Manuela. Zu der fühlt sich Karsten hingezogen seit der Schwangerschaft seiner Karola, die vor wenigen Wochen sein Kind zur Welt gebracht hat. Man sagt Manuela und Karsten ein Liebesverhältnis nach.

Den 2. Januar 1990 verbringt Karsten wieder einmal bereits seit dem Vormittag bei der nicht unansehnlichen Nachbarin Manuela. Bei der hat sich eine illustre Gesellschaft eingefunden, die dem begonnenen neuen Jahr immer wieder zuprostet. Karsten ist von Beginn an dabei und denkt zu keiner Minute ans Nach-Hause-Gehen eine Etage höher, wo Karola wartet. Als Karsten auch noch das Abendbrot daheim sausen lässt und bei der Nachbarin bleibt, versucht Karola, den Mann, den sie trotz seiner Eskapaden liebt, an den heimischen Herd zu locken. Sie steigt hinab in die Partywohnung – eine Etage unter der Wohnung der Familie Lusch – und dort ihrem Lebenspartner auf den Kopf. Der aber beachtet seine Lebensgefährtin kaum. Statt mit ihr zu gehen oder sich wenigstens um sie zu kümmern, versetzt Karsten ihr – und das nicht zum ersten Mal im Laufe ihrer Beziehung – wegen ihres »Gezeters«, wie er es empfindet, ein paar Ohrfeigen. Die hinterlassen sichtbare Spuren im Gesicht der Frau.

Karola ist wütend. »Dann bleibt doch gleich, wo du bist«, wettert sie und rennt aus der Wohnung hinauf in die eigenen vier Wände. Angestachelt von Enttäuschung, Wut und Eifersucht sowie von der Mutter, die sich den Nassauer Karsten schon lange aus dem Haus wünscht, stopft Karola ein paar Sachen ihres Hallodris in eine Tasche und stellt diese vor die Türe der Nebenbuhlerin. Manuela scheint das Rausschmiss-Zeichen für Karsten nicht unangenehm zu sein. Jedenfalls schnappt sie sich das Gepäckstück und stellt die Tasche mit den Männersachen bei sich ab.

In Karolas Innerem bleibt die Unruhe, und die Eifersucht nagt immer heftiger in ihr. Nachdem sie ihr Töchterchen gewindelt und zum Schlafen gebracht hat, beschließt sie gegen 20 Uhr, den Lebensgefährten doch noch in ihr Bett zu holen. Sie geht eine Etage tiefer zur Wohnung der Nachbarin, um den Abtrünnigen zum Mitkommen zu bewegen. Bei der Nachbarin ist ihr Karsten aber nicht mehr, sondern in der nahe gelegenen Spätverkaufsstelle, um für alkoholischen Nachschub zu sorgen. Als Klauser mit der Tasche voller Bier- und Schnapsflaschen vom »Späti« in die Partywohnung von Manuela zurückkehrt, bemerkt er zu vorgerückter Stunde die neben einem Tischbein stehende Tasche mit seinen Sachen. »Du Schlampe! Was soll das?«, wütet er und beschimpft seine Lebensgefährtin. Wieder versetzt er ihr eine Ohrwatsche.

Inzwischen ist die Zeit fortgeschritten und der neue Tag bereits eine Stunde alt. Während Karsten es sich in einem Sessel gemütlich gemacht hat und sich sichtbar für Nachbarin Manuela interessiert, sitzt Karola unbeachtet einsam auf einem Stuhl am Wohnzimmertisch. Der Vorwurf, eine »Schlampe« zu sein, hat sie getroffen. Doch trotz aller Demütigungen, die sie in den zwei Jahren ihrer Partnerschaft mit Karsten und auch jetzt wieder hinnehmen musste, so sehr hängt sie nach wie vor an dem Mann, den sie gern hat und der der Vater ihrer kleinen Tochter ist. An Manuela will und wird sie ihn keineswegs abtreten, schwört sich Karola. Die düsteren Gedanken in ihrem Kopf nehmen, angeheizt von ein paar Gläsern Bier-Wein-Gemisch und einem am Vorabend im Fernsehen geschauten Film, Gestalt an. Eine Frau hatte in dem Film ihrem Geliebten einen Dolchstoß versetzt aus Zorn wegen dessen Untreue. Unter dem Vorwand, die Toilette aufsuchen zu müssen, geht Karola in die Küche von Manuelas Wohnung und schnappt sich das längste Messer, das im Besteckkasten griffbereit ist. Wie in dem Fernsehfilm dargestellt, fasst sie es zwischen Daumen und Zeigefinger der rechten Hand und eilt, mit der Klinge voran, ins Wohnzimmer. Dort ruht Karsten vor sich hin. Karola stürzt sich, ohne zu zögern, auf den Mann. Der Stich in die linke Brust des Mannes soll tödlich sein, ist der Entschluss der vernachlässigten und betrogenen Lebenspartnerin. Als Karola Lusch das Messer wieder herauszieht, färbt sich das Hemd von Klauser blutrot.

In der Notaufnahme des Bezirkskrankenhauses Cottbus retten die Ärzte Karsten das Leben. Das Messer war bis in das Zentrum des linken Lungenoberlappens eingedrungen. Dort hatte es ein zentrales Blutgefäß zerstört. Er droht, innerlich zu verbluten. Erst fünf Wochen nach der Tat kann Karsten Klauser das Krankenhaus verlassen. Die Nachwirkungen belasten ihn noch über ein Jahr.

Zum Tatzeitpunkt hatte Karola Lusch 1,2 bis 1,4 Promille Alkohol im Blut. Bei der forensisch-psychiatrischen Untersuchung nach der Tat wird zudem eine schwerwiegende, abnorme Persönlichkeitsstörung diagnostiziert. Schon der Start ins Leben war Karola schwer gefallen, und auch die spätere Entwicklung verlief nur schleppend. Viel später als andere Kleinkinder erlernte sie das Laufen, und Sprachhindernisse sollten sie ihr ganzes Leben lang begleiten. Ein normaler Schulbesuch blieb dem Mädchen verschlossen, nur in der Hilfsschule konnten ihr mühsam Lesen, Schreiben und Rechnen beigebracht werden. Die üblichen und üblen Hänseleien von »normalen« Altersgefährten gegenüber Hilfsschülern minderten zudem das Selbstbewusstsein des Mädchens erheblich. Dass sie nach achtjähriger Hilfsschulzeit befriedigende Leistungen erreichte, war ein Erfolg. Auch die dreijährige Teilfacharbeiter-Lehre als Wirtschaftshilfe meisterte sie, und bei ihrer Arbeit als Raumpflegerin beim Rat des Bezirks Cottbus gab es kaum Beanstandungen. Selbstbewusstsein konnte die in vielen Situationen hilflos, schüchtern und gehemmt wirkende Frau allerdings niemals entwickeln. Sich von Karsten zu lösen, der arbeitsscheu dahinlungerte, nichts zum Haushalt und zum Unterhalt seines Kindes beitrug, sondern sich von seiner Lebensgefährtin und deren kargen Lohn durchbringen ließ – das schaffte sie nicht.

Das Bezirksgericht Cottbus verhandelt Ende August gegen Karola Lusch wegen versuchten Mordes. Das ist ein Verbrechen, das dem Gesetz nach ohne besondere Umstände mit einer Freiheitsstrafe nicht unter zehn Jahren geahndet werden muss. Das Gericht zeigt sich jedoch milde. Es verurteilt Karola Lusch wegen versuchten Mordes im Zustand der verminderten Schuldfähigkeit aufgrund ihrer geistigen Behinderung zu einer Freiheitsstrafe von viereinhalb Jahren. Zudem ordnet es zur Verhütung weiterer Rechtsverletzungen eine fachärztliche Heilbehandlung an.

Raubmord in Meyenburg

In der Hansestadt Uelzen in der Lüneburger Heide lässt es sich gut leben. Es ist beschaulich in der Kreisstadt, die 34.000 Einwohner zählt. Die Stadt hat ihre Reize. Am Heideflüsschen Ilmenau gelegen, laden die grünen Ufer, kleine, liebevoll gestaltete Parks und gepflegte Auen zum Verweilen ein. Naturgebiete mit Mooren, Seen, Wäldern sind die grüne Lunge der Stadt. Wer von den Uelzenern vom beschaulichen Leben in den Trubel größerer Städte eintauchen will, hat es bis Hamburg oder Hannover nur knappe zwei Autostunden weit.

Der 24. Mai 2007 ist einer der vielen schönen Frühlingstage. In Uelzen bummeln Besucher und auch Einheimische, die am Vormittag nicht bei der Arbeit sind, durch Straßen und Geschäfte. Zwei Männer bestellen sich in einer kleinen Kneipe in der städtischen Passage beim Wirt jeweils ein Glas Radler, um den ersten Durst zu löschen. Sie möchten dieses Gemisch aus Bier und Limonade gern im Freien genießen. Ihren Wunsch, einen Tisch und Stühle nach draußen zu bringen und dort das Getränk zu servieren, kommt der Wirt gern nach. Inzwischen haben die Radler-Genießer die Umgebung gecheckt. Ein paar Männer in Arbeitskluft erledigen ihr Tagwerk. Ein Postbote ist unterwegs und verteilt Briefe und Päckchen.

Die beiden Radler-Gäste sind zufrieden. Alles läuft wie abgesprochen. Ihr Vorhaben ist nicht ungefährlich. Ihr Plan ist auf knapp drei Seiten auf rotem Papier niedergeschrieben. Als der Wirt die Getränke mit einem freundlichen »Bitte sehr, die Herren«, serviert, holt einer der beiden Männer das rote Papier aus seiner Jackentasche. »Sind Sie Herr Benno Saalmann«, fragt er?

»Ja«, bestätigt der Wirt. »Worum geht es?«

»Herr Saalmann, ich verhafte Sie wegen des Verdachts des Mordes«, bekommt er zur Antwort. Die Arbeiter im Umfeld der Einkaufspassage sind näher gerückt. Sie wissen, dass der Mann möglicherweise eine Pistole bei sich tragen könnte. So, wie er das schon oft getan hat in seinem Erwachsenenleben.

Der Wirt ist völlig verdutzt, als ihm der Haftbefehl des Amtsgerichts Perleberg gezeigt wird und die Handschellen klicken. »Was soll das? Warum verhaften Sie mich? Was habe ich denn verbrochen?«

»Denken Sie einmal sechzehn Jahre zurück«, erwidert der Mann, der ihm gerade die Handfesseln angelegt hat. Er ist, wie auch sein Partner, ein Kriminalkommissar aus Brandenburg. Gemeinsam mit der Polizei in Uelzen haben sie seit Tagen die Aktion akribisch vorbereitet. Der freundliche Gastwirt, davon sind sie überzeugt, ist ein Schwerverbrecher, den sie seit sechzehn Jahren suchen.

17. Januar 1991. Die Zweigstelle Meyenburg der Kreissparkasse Pritzwalk (heute Landkreis Prignitz) öffnet wie immer nach der Mittagspause um 14 Uhr. Die drei Frauen an den Schaltern haben wenig zu tun. Andrang sieht anders aus. Drei Kundinnen sind im

Schalterraum. Es ist neben der Erledigung der Bankgeschäfte auch noch Zeit für ein Schwätzchen.

Kurz vor 15 Uhr wird die beschauliche Ruhe dramatisch gestört. Aus einem weißen Pkw »Golf«, der in einer Seitenstraße geparkt ist, steigen zwei Männer aus. Sie haben offensichtlich keine Eile auf dem Weg zur Sparkasse. Dann aber passiert alles in Windeseile. Im Eingangsbereich der Sparkasse in der Karl-Marx-Straße der Kleinstadt ziehen sie sich Strumpfmasken über die Köpfe und stürmen mit vorgehaltenen Pistolen in den Schalterraum. Die Unruhe schreckt die Hauptkassiererin auf. Die ist gerade mit Kontoauszügen für eine Kundin beschäftigt. Der Anblick der Maskierten ist ein Schock. Sie kann noch den Alarmknopf drücken. Der größere der beiden Männer springt über den Tresen. »Das ist ein Banküberfall«, hört sie ihn schreien. »Alle auf den Boden legen und die Hände auf den Rücken.«

Es ist wie in einem Fernsehkrimi. Doch der Überfall auf die Meyenburger Kreissparkasse ist bittere Realität. »Geld raus, aber schnell«, hört die Chefin den Mann sagen, der einen schwarzen Rucksack in der linken Hand hält. »Los, mach den Tresor auf«, fordert er und stößt der Kassiererin den Pistolenlauf in den Rücken. Die schiebt den Vorhang zurück, hinter dem der Tresor steht, und tippt die Zahlenkombination am Schloss des Geldschranks ein. Einmal. Zweimal. Der Tresor öffnet sich nicht. Die Sparkassenangestellte ist zu nervös. Die Räuber werden ungeduldig. »Nun mach schon hin«, brüllt sie der kräftige Mann an. Eine Kollegin kommt zur Hilfe und öffnet den Geldschrank. Im Kassenraum versucht der zweite Räuber, die verschreckten Frauen zu beruhigen. »Seid still! Es passiert nichts. Wir wollen nur Geld.« Seinen Komplizen drängt er zur Eile. »Manni, beeil dich! Wir müssen los. Es kommen Leute.«

Draußen sind drei Arbeiter am Marktplatz gegenüber der Sparkasse mit dem Aufbau von Straßenschildern beschäftigt. Schreie dringen aus dem Bankgebäude zu ihnen herüber. Fensterglas klirrt. Den Männern ist klar: Dort stimmt etwas nicht. Zwei der Arbeiter rennen zum Bankgebäude. Einer ist mit einem Spaten bewaffnet, der andere hält eine Eisenstange in der Hand. Es ist ein sogenannter Kuhfuß, mit dem man mittels einer Klaue Nägel herausziehen kann. Der dritte Arbeiter eilt zu einer Telefonzelle, um die Polizei zu alarmieren. Als die beiden mit dem Werkzeug bewaffneten Männer den Schalterraum betreten, kommt es zu einem Handgemenge. »Los, Manni, lass uns abhauen«, drängt der Aufpasser vor den Schaltern seinen Komplizen. Die Arbeiter versuchen, die Räuber an der Flucht zu hindern. Sie verfolgen sie vom Sparkassengebäude quer über die Straße. Beim Kampf wird einem der beiden Bankräuber die Strumpfmaske vom Kopf gerissen. Der zweite bekommt mit dem Kuhfuß einen Schlag in den Rücken. Aufhalten können die beiden Männer die Kriminellen nicht.

Plötzlich sind Schüsse zu hören, drei an der Zahl. Der mutige Mann mit der Eisenstange in der Hand überlebt den Kampf nicht. Zwei der drei Schüsse treffen ihn. Eine Kugel verletzt ihn am Arm, eine zweite dringt durch den Rücken in den Rumpf ein. Diese zerfetzt die Körperhauptschlagader. Innerhalb kürzester Zeit verblutet er noch am Tatort. Es ist das erste Mal, dass angesichts der zunehmenden Überfälle auf Banken und Sparkassen seit der Wende in den neuen Bundesländern ein Raub ein Todesopfer fordert. Der Kollege wird ebenfalls verletzt. Er überlebt die Schießerei.

Die Täter – es sind, wie es viele Jahre später vermutet wird, Benno Saalmann und Karl Maaßen – können fliehen. Saalmann feiert acht Tage nach dem Raub seinen achtundzwanzigsten Geburtstag, Maaßen ist vierunddreißig Jahre alt. Erbeutet haben die Räuber 11.000 DM.

Nach dem Überfall rasen die Täter mit dem Fluchtfahrzeug, einem »Golf 19E«, der in der Freyensteiner Straße in der Nähe der Sparkassenfiliale abgestellt war, durch die Stadt Meyenburg Richtung Autobahn. Das Auto hatten sie am Tag zuvor am ehemaligen Grenzübergang in Helmstedt gestohlen. Vor der Auffahrt zur A24 verlassen die Räuber die B103 und stellen das Auto in einem nahe gelegenen Waldstück ab. Dort wird es zwei Tage später zufällig gefunden. Das Tatfahrzeug liefert eine Vielzahl von Spuren. Die Täter hatten die untere Lenksäulenverkleidung entfernt, die Kontakte vom Zündschloss abgezogen und diese an einen handelsüblichen Zündanlassschalter aufgesteckt. Der ermöglichte das Starten des Fahrzeugs ohne das unsichere Kurzschließen der Drähte.

Die Kriminaltechniker sichern am Schalthebel Blut und am geöffneten Verbandskasten Fingerabdrücke. Aus dem Erste-Hilfe-Kasten fehlen vier größere Wundpflaster. Von besonderer Bedeutung sind zwei Strumpfmasken, die die Täter im Auto offensichtlich in der Hast vergessen hatten.

Den »Golf« lassen die Männer stehen. Sie nutzen für die weitere Flucht ein Fahrzeug, das sie vor der Tat in der Nähe abgestellt hatten. Ihre Pistolen der Marke »Browning«, Kaliber 6,35 Millimeter und 7,65 Millimeter, stecken in ihren Hosentaschen. Die Waffen benötigen sie für weitere Raubzüge. Am Nachmittag des 14. Februar 1991 sowie am 12. März 1991 wird die Filiale der Kreissparkasse Staßfurt in Kroppenstedt in Sachsen-Anhalt gleich zweimal überfallen. Als Täter wird anhand von Zeugenaussagen und Bildern einer Überwachungskamera Karl Maaßen ermittelt. Benno Saalmann ist bei den Taten jeweils als Fluchthelfer aktiv. Beim Überfall im Februar wartet er, wiederum mit einem gestohlenen »VW Golf«, vor der Bank, beim Raub im März 1991 nimmt er seinen Komplizen wenige Kilometer vom Tatort entfernt in seinem Pkw »Porsche« auf. Im Zuge der polizeilichen Ermittlungen werden später im »Porsche« eine scharfe Schusswaffe, Kaliber 7,63 Millimeter, sowie mehrere Schachteln Munition, eine Patrone 7,65 Millimeter und eine Strickmütze mit zwei eingeschnittenen Sehschlitzen sowie 1.700 DM in bar sichergestellt. Saalmann wird im Juli 1993 vom Amtsgericht Staßfurt wegen Fahrens ohne Fahrerlaubnis sowie Verstoßes gegen das Waffengesetz zu dreizehn Monaten Freiheitsentzug verurteilt. Im Hinblick auf eine Beteiligung an den Banküberfällen stellt die Staatsanwaltschaft Magdeburg das Verfahren gegen Saalmann ein. Einen hinreichenden Tatverdacht können die Ermittler nicht gerichtsfest nachweisen.

Karl Maaßen, der Mittäter beim Überfall auf die Sparkasse in Meyenburg, lebt seit Ende 1991 nicht mehr. Er hat sich nach einer Flucht während eines Transports aus dem Gefängnis, bei dem er einen Wärter überwältigt hatte, einen Tag später, als die Polizei ihm auf den Fersen war, erschossen. Trotz vieler Spuren, die im Laufe der Ermittlungen zum Überfall auf die Sparkasse in Meyenburg in umfangreichen Akten festgehalten sind, können die Täter nicht ermittelt werden. Ihre Daten sind in der polizeilichen Datenbank nicht registriert. Selbst ein nach Zeugenaussagen erstelltes Profilbild hilft nicht.

Benno Saalmann kann seine kriminelle Karriere fortsetzen. Die beginnt schon sehr früh, und sie wird am Ende zwanzig Straftaten umfassen.

Saalmann, im Januar 1963 geboren, wächst mit einem vier Jahre älteren Bruder in Hamburg auf. Der Vater ist Inhaber eines Familienbetriebs in der Elektro-Branche. Aus Sohn Benno wird, im Gegensatz zu seinem Bruder, ein störrischer Junge. Als Heranwachsender muss er auf Anordnung des Jugendamts sogar ein Dreivierteljahr in einem Jugenderziehungsheim zubringen. Benno fängt manches an, bringt aber nichts zu Ende. Einzelhandelsverkäufer für Elektroartikel, Lehre als Fernsehtechniker, für ein Vierteljahr Matrose, danach Staubsaugervertreter und Gelegenheitsarbeiter. Das sind Stationen seines Lebens als Jugendlicher. Als der Sohn auch mit zwanzig Jahren noch nicht zur Vernunft gekommen ist, schmeißt ihn der Vater im Sommer 1983 aus dem Haus. Der nun Obdachlose bekommt ein Bett in einer Einrichtung für Wohnsitzlose in der Hansestadt Hamburg. Er schließt Freundschaft mit Kriminellen und siedelt nach Stuttgart um. 1984 überfällt er mit einem Komplizen eine Bank. Für den bewaffneten Raubüberfall und einige andere schwere Taten wird er zu sechseinhalb Jahren Freiheitsentzug verurteilt. In der Folge sind immer wieder Gerichte mit ihm beschäftigt. Geldstrafen wegen Fahrens ohne Fahrerlaubnis sind Lappalien im Vergleich zu anderen Gesetzesverstößen, die härter geahndet werden. 1994 verurteilt ihn das Landgericht Lüneburg unter anderem wegen Hehlerei zu viereinhalb Jahren Gefängnis. Das Landgericht Arnsberg verhängt gegen Saalmann wegen gemeinschaftlichen Versicherungsbetrugs eine dreieinhalbjährige Gefängnisstrafe.

Auf richterlichen Beschluss wird aufgrund der schweren Verbrechen das genetische Profil von Benno Saalmann in der bundesweiten DNA-Datenbank gespeichert.

Der Banküberfall in Meyenburg vom Januar 1991 ist in der Öffentlichkeit längst vergessen. Die Akten dazu liegen in Polizeiarchiven. Doch Mord verjährt nie. Ein vorläufig eingestelltes Ermittlungsverfahren kann jederzeit wieder eröffnet werden. Im Fall des Bankraubs in Meyenburg ist es ein Hinweis, der die Polizei in Pritzwalk im Jahr 2006 erreicht. Er kommt von einem ehemaligen Unternehmensberater. Der war nach der Wende mit der Umgestaltung ehemaliger Landwirtschaftlicher Produktionsgenossenschaften (LPG) in neue Rechtsformen in Brandenburg und Mecklenburg-Vorpommern beschäftigt. Dabei soll es zu vielen dubiosen Geschäften gekommen sein, in die LPG-Chefs maßgeblich involviert waren. Bei den Besprechungen sei es durchaus üblich gewesen, dass Waffen auf dem Tisch lagen, erinnert sich der Geschäftsmann. Dabei sei auch über den Banküberfall in Meyenburg gesprochen worden. Dazu hätten sich LPG-Vorstände sehr merkwürdig geäußert. Jahre später, so sagt der Zeuge bei einer Vernehmung bei der Polizei aus, sei ihm zu Ohren gekommen, dass einer der damals bei der Umstrukturierung der Landwirtschaft involvierten Männer während einer Feier mit verdächtigem Detailwissen zum Banküberfall in Meyenburg geprahlt habe.

Überprüfungen der Polizei ergeben, dass es sich um reine Kneipenprahlerei gehandelt hat. Dennoch rückt der Fall wieder in den polizeilichen Fokus. Ein Kriminalkommissar, der damals die Ermittlungen maßgeblich geführt hatte, zieht sich die alten Akten wieder auf den Tisch. Dabei stößt er auf eine entscheidende Spur: Ein Haar, das damals in einer der sichergestellten Gesichtsmasken im Fluchtfahrzeug gefunden wurde, liegt noch immer bei den Asservaten. Ihm kommt die Idee, eventuell durch dieses Haar dem Täter näher kommen zu können. Seit 1991 hat die Wissenschaft enorme Fortschritte bei der Analyse von selbst geringstem DNA-Material gemacht. Im Landeskriminalamt Brandenburg gelingt es einer forensischen Sachverständigen, den genetischen Fingerabdruck zu entschlüsseln. Beim Abgleich mit Profilen in der DNA-Datenbank gibt es einen Treffer. Mit einer Sicherheit von eins zu drei Billionen wird Benno Saalmann als Verursacher der Spur identifiziert.

So kommt es, dass am Vormittag des 24. Mai 2007 beim Servieren von Getränken beim inzwischen im gutbürgerlichen Leben angekommenen Benno Saalmann in Uelzen die Handschellen klicken.

Nach seiner Verhaftung schweigt der mutmaßliche Bankräuber bei der Polizei eisern. Erst vor dem Haftrichter sagt er aus. Er bestreitet jede Beteiligung an dem Verbrechen. Mehr noch: Er will bis zu seiner Verhaftung in Uelzen nichts vom Raubüberfall in Meyenburg gewusst haben. Für das Haar in der Strumpfmaske, die im Fluchtfahrzeug sichergestellt wurde, hat er eine einfache Erklärung. Er will die Strumpfmaske einmal aufgesetzt haben, um einem Dritten zu zeigen, wie man diese Vermummung am besten handhaben kann.

Es gibt neben der DNA-Spur viele Indizien, die für die Beteiligung von Saalmann an dem Verbrechen sprechen. Saalmann verfügt nach dem Raubzug auf die Sparkasse in Meyenburg und den folgenden Überfällen in Kroppenstedt in Sachsen-Anhalt über große

Mengen an Geld. Beispielsweise bezahlt er den Kaufpreis von 26.000 DM für den »Porsche« in bar. Auffällig ist die enge Verbundenheit von Saalmann und Karl Maaßen. Bekannt werden mehrfache Aufenthalte der beiden Männer in einem Hotel in Uelzen, bei denen sie ihre Taten geplant haben könnten.

Die Staatsanwaltschaft Neuruppin klagt im September 2007 Benno Saalmann wegen Mordes zur Verdeckung einer anderen Straftat an. Die 1. Große Strafkammer des Landgerichts Neuruppin verhandelt ab Anfang Oktober 2007 bis in den Februar 2008 hinein zum Raubüberfall auf die Sparkasse in Meyenburg. Es gibt viele Indizien und vor allem den genetischen Fingerabdruck von Saalmann durch das Haar in der Strumpfmaske. Dennoch tauchen im Laufe der gerichtlichen Hauptverhandlung Zweifel an der Schuld des Angeklagten auf. Er kennt aus den Akten die Beweislage. Es fällt dem Berufsverbrecher nicht schwer, seine Aussagen den Anschuldigungen anzupassen, die die Staatsanwaltschaft erhebt.

Es bleiben in der Tat Fragen. Beispielsweise: Wer hat den tödlichen Schuss auf den Arbeiter abgegeben, der sich den Räubern entgegengestellt hatte? Oder: Könnte das Haar in der Schutzmaske nicht wirklich bei Demonstrationszwecken hängen geblieben sein? Ob Blutspuren im Fluchtauto nicht doch von einem Unbekannten stammen könnten?

Wie sehr die Richter im Verlauf des Prozesses von der Beweislage hin- und hergerissen sind, bekundet ihre Entscheidung, Benno Saalmann noch vor Abschluss der Beweisaufnahme aus der Untersuchungshaft zu entlassen. Prozessbeobachter bewerten das als Fingerzeig im Hinblick auf das Urteil. Auch der Angeklagte ist sich ziemlich sicher, am Ende als freier Mann das Gerichtsgebäude verlassen zu können. Im Vorfeld der Urteilsverkündung soll er bereits mit seiner Familie, Verwandten und Freunden in seiner Kneipe in Uelzen seinen Sieg gefeiert haben.

Entsprechend gelockert ist vor der Urteilsverkündung am 9. Februar 2008 die Stimmung bei den Angehörigen von Saalmann im Zuschauerraum wie auch beim Angeklagten selbst. Die Euphorie verwandelt sich in Schockstarre, als der Vorsitzende Richter der 1. Großen Strafkammer des Landgerichts Neuruppin das Urteil verkündet: Der Angeklagte ist schuldig, gemeinsam mit einem Mittäter unter Verwendung einer Waffe durch den Raub am 17. Januar 1991 gegen 15 Uhr in Meyenburg wenigstens leichtfertig den Tod eines anderen Menschen verursacht und einen Menschen getötet zu haben, um eine andere Straftat zu verdecken, wird im holprigen Juristendeutsch verkündet. Zugunsten des Angeklagten gehen die Richter zwar davon aus, dass der tödliche Schuss auf den Arbeiter durch den Komplizen Karl Maaßen abgefeuert wurde. Da beide Bankräuber auf das spätere Opfer geschossen haben, habe auch Benno Saalmann den Tod eines Menschen billigend in Kauf genommen.

Das Gericht verurteilt ihn zu einer lebenslangen Freiheitsstrafe.

Noch im Gerichtssaal klicken am Ende der Urteilsbegründung die Handschellen. Allerdings ist das Urteil noch nicht rechtskräftig. Die Verteidigung, die einen Freispruch gefordert hatte, kündigt umgehend Revision beim Bundesgerichtshof an. Deshalb verkündet das Landgericht unmittelbar nach dem Schuldspruch einen Haftbefehl gegen Saalmann und verhängt gegen ihn Untersuchungshaft. Die Richter begründen die Entscheidung mit akuter Fluchtgefahr. Angesichts der in früheren Zeiten bewiesenen hochkriminellen Energie sei trotz der zurzeit festen sozialen Bindungen zu befürchten, dass der Beschuldigte in der Illegalität untertaucht und im Ausland einen Zufluchtsort sucht, heißt es dazu. – Der Bundesgerichtshof weist im Juli 2008 die Revision des Angeklagten gegen das Urteil zurück.

Wenn die Kneipe in einer Passage in Uelzen noch existiert, bekommen Gäste das Radler mit Sicherheit nicht von Benno Saalmann serviert.

Martyrium im Zugabteil

Die vier Männer, die sich am letzten Dienstag im November 1991 kurz vor 20 Uhr auf dem Bahnsteig Lauchhammer-West aus dem hintersten Zugwagen quälen, stehen auf wackligen Füßen. Oder richtiger gesagt, drei von ihnen torkeln noch selbständig Richtung Ausgang. Der vierte Mann ist dazu nicht mehr in der Lage. Er kann von seinen Begleitern nur noch an Händen und Füßen davongetragen werden. Seine Augen sind geschlossen, aus Mund und Nase tropft Blut. Er bietet einen bemitleidenswerten Anblick. Mitreisende, die ebenfalls in Lauchhammer-West ausgestiegen sind, wollen helfen. Sie werden von den Freunden abgewiesen. »Nee, lasst mal. Der ist bloß besoffen. Wir bringen den nach Hause. Ist nicht weit. Das schaffen wir selbst.« Wenig später lassen sie ihn einfach auf dem Bahnsteig fallen und laufen davon. Als er gefunden wird, kann ihm nicht mehr geholfen werden. Peter Lander, ein Wachmann, der auf dem Weg zu seiner Arbeitsstelle war, ist tot.

Die drei Männer, die Peter Lander aus dem Zug getragen und auf dem Bahnsteig abgelegt haben, bilden eine Wohngemeinschaft. Klaus Blaskowiak (sechsundzwanzig Jahre alt) ist bei den Brüdern Günter und Florian Donner (siebenundzwanzig und vierundzwanzig Jahre alt) in deren Wohnung in Lauchhammer-West (Landkreis Oberspreewald-Lausitz/Brandenburg) Untermieter. Blaskowiak hat die Wende aus seinem bis dahin geregelten Leben geworfen. Er ist in geordneten Familienverhältnissen aufgewachsen, hat nach der achten Klasse die Lehre als Facharbeiter für Anlagen- und Gerätebau erfolgreich absolviert und bis Anfang 1990 im Braunkohleveredlungswerk Lauchhammer in diesem Beruf gute Arbeit geleistet. Im Januar 1990 wird er – wie auch viele andere Kollegen – wegrationalisiert. Während der Arbeitslosigkeit verschafft er sich bei Gelegenheitsjobs noch das Gefühl, gebraucht zu werden. Mit dem Absturz in die Sozialhilfe nimmt sein Alkoholgenuss im Kreis von Gleichgesinnten zu.

Günter Donner ist Instandhaltungsmechaniker und hat in diesem Beruf »in der Kohle« gearbeitet. Als Soldat auf Zeit hat er bei der Nationalen Volksarmee (NVA) der DDR drei Jahre seinen »Ehrendienst«, wie es damals heißt, geleistet und ist 1986 als Feldwebel der Reserve ins zivile Dasein zurückgekehrt. Auch er wird 1990 im Braunkohlekombinat Senftenberg nicht mehr benötigt. Nach einem halben Jahr ohne Job findet er jedoch wieder Arbeit, allerdings nicht in der Lausitz, sondern bei einer Elektro- und Montagefirma in Mannheim.

Florian Donner will seinem älteren Bruder nacheifern. Der gelernte Zimmermann hat im Jahr der friedlichen Revolution in der DDR seinen Armeedienst bei der NVA angetreten und ist nach der Wende in die Bundeswehr übernommen worden. Hier ist er gegenüber seinen neuen Kameraden sowie den militärischen Vorgesetzten als übertrieben misstrauisch aufgefallen, er hat haltlose Verdächtigungen in Umlauf gesetzt, die krankhaft erschienen sind. So wird Florian aus der Bundeswehr aussortiert. Er erhält Arbeit in seinem Beruf als Zimmermann. Die allerdings befriedigt ihn plötzlich nicht mehr. Der Vierundzwanzigjährige leistet mehr Fehl- als Arbeitsschichten. Ihm wird folgerichtig gekündigt. Alkohol und Kartenglücksspiele verschlingen das Arbeitslosengeld. Seine Freundin trennt sich von ihm nach einem Jahr des Zusammenlebens.

Günter und Florian Donner sowie Untermieter Klaus Blaskowiak haben es sich an dem folgenschweren Dienstag im November 1991 gemütlich gemacht. Nach dem Aufwachen am späten Vormittag genehmigt sich das Trio aus einer kleinen Flasche »Weißen« ein scharfprozentiges Frühstück. Der Kater vom Vortag muss vertrieben werden. Dann marschieren die drei zum Sozialamt in Lauchhammer. Klaus will seine Sozialhilfe abholen. Das Amt hat geschlossen. Zurückgekehrt in die Wohnung, spülen die drei Männer ihren Ärger mit jeweils zwei Büchsen Bier und einer großen Flasche Weinbrand der Billigmarke »Goldbrand« herunter. Sie beschließen, sich beim Sozialamt in Cottbus wegen der zugesperrten Tür der Außenstelle in Lauchhammer zu beschweren.

Mittlerweile ist es 15 Uhr, und für die Zugfahrt von Lauchhammer über Ruhland und Senftenberg nach Cottbus braucht es seine Zeit. Damit der Durst gelöscht werden kann, wandern eine weitere Pulle »Goldbrand« und eine Flasche Likör ins Reisegepäck. Beim Umstieg auf dem Bahnhof in Senftenberg gesellt sich mit Hartmut Gruttka (dreiunddreißig Jahre alt) ein Bekannter aus Lauchhammer zu dem Trio. Gruttka ist in seiner Entwicklung zurückgeblieben. Er kann kaum lesen und schreiben, war mehrfach in Heimen und in ärztlicher Behandlung. Der geistig schwerfällige Mann hat vier Strafen in seinem Register zu stehen, unter anderem wegen versuchter Vergewaltigung und sexuellen Missbrauchs von Kindern. Nach seiner letzten Haftentlassung im Dezember 1989 findet Gruttka für kurze Zeit Arbeit in der Kokerei in Lauchhammer. Wegen schlechter Leistungen und Alkoholmissbrauchs wird er wenige Wochen später entlassen.

In Cottbus angekommen, erinnert sich niemand der vier Reisenden mehr an den Zweck der Fahrt. Die Sozialbehörde hat ohnehin bereits geschlossen. Die Zeit bis zur Rückfahrt um 19 Uhr benutzt die auf nun vier Männer angewachsene Truppe für die Besorgung von flüssigem Nachschub in Form von je einer Flasche Weinbrand und einer Flasche Likör. Diese werden in einem Lebensmittelgeschäft ohne Bezahlung kurzerhand mitgenommen.

Die bereits stark angetrunkene Vierer-Gang aus Lauchhammer wird vom Bahnpersonal in Senftenberg aus dem Zug verwiesen, nicht nur wegen des unflätigen Benehmens, sondern vor allem wegen des Fehlens von Fahrkarten. Mit dem nächstfolgenden Zug fahren die Männer nach Ruhland, wo sie umsteigen und auf den Anschlusszug nach Lauchhammer warten müssen.

Auf dem Bahnsteig in Ruhland kommt es zu einem

schrecklichen Zusammentreffen zwischen dem Quartett und dem achtunddreißigjährigen Peter Lander, der Wachmann in einem Kohlebetrieb in Lauchhammer ist. Gangmitglied Klaus erkennt in dem uniformierten Sicherheitsangestellten einen Bekannten aus vergangenen Arbeitszeiten. Dieser hatte ihn einst wegen etlicher Disziplinarverstöße angeblich »verpfiffen«, was zur Entlassung von Blaskowiak beigetragen haben soll. »Ich muss um Stütze betteln, und der hat noch immer Arbeit«, schießen böse Gedanken in dem Kopf von Klaus Blaskowiak herum. Mit den Worten: »Mit dir habe ich noch eine Rechnung offen«, stürzt er sich auf den ahnungslosen Wachmann und schlägt sofort mit den Fäusten zu. Seine Kumpane beteiligen sich umgehend an der Schlägerei und verhindern, dass das Opfer der wilden Attacke durch einen Bahnhofstunnel flüchten und sich in Sicherheit bringen kann. Der Wachmann wird von der Schlägertruppe verfolgt und stürzt ins Gleisbett. Andere Fahrgäste sind rechtzeitig zur Stelle und ziehen Peter Lander zurück auf den Bahnsteig.

Als der Zug in Richtung Lauchhammer einfährt, hört der Angriff auf das Opfer zunächst auf. Lander steigt trotz der Schläge und Tritte, denen er ausgesetzt war, in den letzten Wagen des Zuges ein, um pünktlich an seiner Arbeitsstelle zu sein. So will er dem Schlägertrupp entgehen, der in einem vorderen Wagen Platz nimmt. Die Gefahr für Peter Lander ist damit allerdings nicht gebannt. Wut und Lust auf Gewalt sind mit den Tätern eingestiegen. Ungehindert steuern die vier Schläger den letzten Wagen an, in dem ihr Opfer sitzt. Im Zugabteil kommt es zu einem wahren Exzess. Mitreisende und der Schaffner können dem nicht Einhalt gebieten, weil die Bande die Tür zum Abteil blockiert. Gangmitglied Florian fordert vom Opfer, ihn für einen abgerissenen Ohrstecker mit Geld zu entschädigen. Als der das widersinnige Ansinnen von sich weist und mit einer Anzeige droht, wird die Schlägerei zu einem ununterbrochenen Martyrium, zu einer zwölf Minuten andauernden Orgie von Schlägen und Tritten gegen den Körper, den Hals und den Kopf von Peter Lander.

In Lauchhammer-Süd verlässt Hartmut Gruttka den Zug, um nach Hause zu torkeln. Wachmann Peter will die Gelegenheit zur Flucht nutzen. Es gelingt ihm nicht. »Du steigst hier nicht aus«, herrscht ihn Florian an und hält die Abteiltür zu. In Lauchhammer-West trägt das Trio den leblosen Peter Lander, an Händen und Füßen haltend, den Bahnsteig entlang. Sie lassen das Opfer ihrer brutalen Gewalt an einer dunklen Stelle achtlos fallen. Peter Lander ist tot. Am nächsten Tag werden die vier Tatverdächtigen festgenommen.

Wachmann Lander starb nach der Diagnose der Gerichtsmediziner nicht durch die Schläge. Diese führten aber zum Erbrechen und zur Bewusstlosigkeit, in deren Folge das Opfer am Erbrochenen erstickte.

Als das Bezirksgericht Cottbus im November 1992 über die Tat verhandelt, sitzen mit Florian Donner, Hartmut Gruttka und Klaus Blaskowiak nur drei Beschuldigte auf der Anklagebank. Sie werden wegen gemeinschaftlicher gefährlicher Körperverletzung mit Todesfolge im Zustand verminderter Schuldfähigkeit aufgrund des Alkoholgenusses zu jeweils sieben Jahren Freiheitsstrafe verurteilt.

Günter Donner, der vierte Täter, kann erst zwei Jahre später, im Oktober 1994, wegen seiner Tatbeteiligung vor Gericht zur Verantwortung gezogen werden. Die Ladung des Bezirksgerichts Cottbus zur Hauptverhandlung im November 1992 konnte ihm nicht zugestellt werden. Er war weder für das Gericht noch für seinen Pflichtverteidiger unter seiner Meldeadresse erreichbar. Obwohl er durch ein Telefonat mit seinen Eltern von der Verurteilung des Bruders erfahren hatte, entzog er sich bewusst seiner Verantwortung und dem Zugriff des Gerichts. Erst ein Haftbefehl des Landgerichts Cottbus vom Februar 1994 führt zu seiner Ergreifung. Günter Donner wird zu fünf Jahren Freiheitsentzug verurteilt. Strafmildernd werten die Richter, dass sich der Angeklagte nicht durchgängig an der Gewaltorgie im Zugabteil beteiligt hatte. Zwischenzeitlich hatte ihn der Schlaf übermannt.

Dunkle Mächte

Dunkle Gedanken und der Alkohol
haben Macht über den Mann.
Er will der Frau Gewalt antun.
Sie liegt im Bett.
Sie soll tun, was er will.
Sie soll sich ihm sexuell unterwerfen.
Wenn sie sich nicht fügt, wird er sie töten.
Er will, dass sie sich wehrt, dass sie schreit.
Sie lacht.
Sie will geschlagen werden.
Sie will, dass ich sie weiter vergewaltige.
Er würgt sein Opfer.
Er schlägt und tritt die Frau.
Dann herrscht Leere in seinem Kopf.
Als er das Zimmer verlässt, ist die Frau tot.
Der Mann ist zum Mörder geworden.

Klaus-Peter Haase ist vierundzwanzig Jahre alt. Nichts hat bis zu dem Verbrechen in der Nacht vom 22. zum 23. November 1984 im idyllisch gelegenen Lindow bei Neuruppin darauf hingewiesen, welche finsteren Gedanken sich im Kopf von Haase eingenistet haben.

Klaus-Peter ist das zweite von sechs Kindern der Familie Haase. Es sind vier Jungs und zwei Mädchen. Die Mutter arbeitet als Küchenhilfe, der Vater ist Heizer. Um die Betreuung des Nachwuchses kümmert sich vor allem die Mutter. Der Vater ist eher weniger mit der Erziehung der Zöglinge beschäftigt. Den Haases geht es nicht selten so wie anderen kinderreichen Familien auch: Passiert etwas in der Stadt, dann waren es natürlich die Haases. Neben der Oma, die häufig dem Alkohol zusprach und dann »Quatsch« im Ort erzählte, wie Klaus-Peter später einmal sagt, hat der ältere Bruder Wolfgang Anteil an dem schlechten Ruf. Vier Haftstrafen hat er wegen krimineller Verfehlungen auf dem Konto. Stets war dabei übermäßiger Alkoholgenuss im Spiel.

Klaus-Peter will anders sein als der Bruder. Er wird nach der achten Klasse auf Wunsch der Eltern und mit Zustimmung der Schulleitung entlassen. Er hätte nach Überzeugung seiner Lehrer die neunte und zehnte Klasse geschafft. Doch er soll lieber schnell einen Beruf ergreifen und auf eigenen Beinen stehen. Der Jugendliche ist ein aufgeschlossener und höflicher Lehrling und schafft den Abschluss als Betonbauer. Er ist stellvertretender FDJ-Sekretär im Meliorationsbetrieb in Lindow und wird in die SED aufgenommen. Die Lindower wählen ihn 1984 in den Stadtrat. In Diskotheken und bei anderen Veranstaltungen schlichtet er als Mitglied der Ordnungsgruppe manche Streitigkeiten. Die Auszeichnung mit der Artur-Becker-Medaille der FDJ ist ideelle Anerkennung.

Klaus-Peter geht Streit lieber aus dem Weg. Nicht aber dem mit Wolfgang. Der kann nämlich den »Genossen Bruder« wegen dessen gesellschaftlicher und politischer Aktivitäten nicht verstehen. Als sich Klaus-Peter für drei Jahre Dienst bei der Nationalen Volksarmee verpflichtet, gibt es heftige Auseinandersetzungen. Der jüngere Bruder lässt sich von seinem Entschluss nicht abbringen. Im Gegensatz zu Wolfgang sorgt er sich auch als Armeeangehöriger um die Familie. Monatlich überweist er 300 Mark für die Familienkasse. Das ist fast die Hälfte seines Unteroffizierssoldes. Er weiß, dass daheim in der Haushaltskasse oft genug Ebbe herrscht. Erst recht, als die Mutter aus gesundheitlichen Gründen als Küchenhilfe kürzertreten muss.

Klaus-Peter versieht seinen Dienst in Thüringen und überlegt sogar, die NVA-Uniform als Berufssoldat für mindestens zehn Jahre zu tragen. Die Angst, an der Grenze eingesetzt zu werden und dort möglicherweise auf Flüchtlinge schießen zu müssen, hält ihn davon ab. Er wird ehrenvoll aus der Armee entlassen.

In Thüringen scheint er sein persönliches Glück gefunden zu haben. Nach mehreren Liebschaften trifft er Sigrid. Bei ihr und mit ihr fühlt er sich wohl. Im Frühjahr 1983 wird Verlobung gefeiert. Das Paar zieht zusammen. Heiratspläne werden geschmiedet. Dann gibt es erste Zerwürfnisse. Sigrid ärgert sich über die Bevormundung durch den Verlobten. Alles will der Mann bestimmen. Sie fühlt sich zunehmend einsam, weil Klaus-Peter ohne sie Veranstaltungen besucht, dann alkoholisiert in ihr Bett schlüpft und nach Geschlechtsverkehr verlangt.

Seine Verlobte weiß nichts von den Träumen, die

ihn zum Höhepunkt kommen lassen. Und sie spürt auch nichts davon.

Sadistische Vorstellungen schleichen sich nachts in seine dunkle Welt ein. Die werden von Gewaltfilmen im Fernsehen noch verstärkt. In dieser dunklen Welt nimmt er Frauen hart ran. Er zieht sie gegen ihren Willen aus. Er schlitzt ihnen den Bauch auf. Sie schreien. Siebzehn Jahre ist Klaus-Peter, als der Wahn beginnt und diese Vorstellungen ihn nachts beherrschen. Am nächsten Morgen ist alles vorbei. Im Alltag sind sie vergessen. Der Mann kann seine sadistischen Triebe beherrschen. Doch die Bilder in seinem Kopf machen ihm Angst.

Als die Beziehung zu Sigrid zerbricht und die Verlobung aufgelöst wird, kehrt Klaus-Peter Haase ins heimische Lindow zurück. Er zieht wieder im Elternhaus ein.

Bleiben will er in Lindow nicht. Die große, weite Welt zieht ihn an. Sie wird ihm verwehrt. Bewerbungen für die Hochseefischerei und bei der Handelsflotte werden abgelehnt. Dann reizt ihn die Druschba-Trasse. Sie ist das Zentrale Jugendobjekt der Freien Deutschen Jugend (FDJ) beim Bau der Erdgasleitung »Sojus«. Miterleben will er das Abenteuer, die insgesamt 2.750 Kilometer lange Pipeline zu errichten. Die gewaltigen Rohre sollen wertvolle Bodenschätze von der Erdgaslagerstätte im sibirischen Orenburg nach Uschhorod an die sowjetische Westgrenze transportieren und von dort aus den Bedarf der DDR decken. Wer an der Trasse arbeitet, verdient gutes Geld. Er besitzt ein »Genex«-Konto, auf dem die sowjetischen Rubel in DDR-Mark umgerechnet und vermehrt werden. »Genex«-Kataloge bieten zudem Waren an, die knapp, aber begehrt sind in der DDR. Außerdem gibt es noch pro Tag 25 Mark Trassenzuschlag. Und die Wartezeiten von zwölf bis achtzehn Jahren für den Erwerb eines »Trabant« oder eines »Wartburg« verkürzen sich auf magere zwei Jahre.

Auch dieser Traum platzt. Haase, der junge Genosse, der FDJ-Funktionär, der Stadtverordnete wird, wie schon zuvor bei der Seefahrt, abgeschmettert.

Klaus-Peter sieht sich als Opfer der Straftaten seines Bruders und des schlechten Rufes der Familie Haase.

Die Ablehnung all seiner Bewerbungen und die Trennung von seiner Verlobten werfen ihn aus der Bahn. Erst recht, als er erfährt, dass sie von ihm ein Kind erwartet. »Nun muss ich auch noch für ein Kind bezahlen, das mich nicht liebt«, sinniert er. Es gefällt ihm immer weniger in Lindow und daheim in dem engen Elternhaus. Die Kneipe wird zum häufigsten Aufenthaltsort, Alkohol zu seinem Lieblingsgetränk.

Wenigstens ein eigenes Zimmer hat die Lindower Wohnungsverwaltung ihm in der Wohnung einer alten Dame zugewiesen. Das Zimmer ist schon renoviert, aber noch nicht wohnlich eingerichtet. Doch immerhin stehen schon ein altes Sofa, ein Tisch und zwei Stühle darin. Statt daheim hält er sich hin und wieder in »seinem« Zimmer auf. Vor allem dann, wenn es in der Kneipe spät geworden ist.

Die alte Dame, der die Wohnung gehört, ist stolze

zweiundneunzig Jahre alt. Aber Anna Huber ist immer noch agil. Und sie hat »Haare auf den Zähnen«, wie man so schön sagt. Oma Huber und Klaus-Peter Haase kommen dennoch gut miteinander aus.

Der 22. November 1984 ist ein Tag, den Klaus-Peter genießen kann. Er muss nicht in seinen Betrieb, den Meliorationsbau, zur Arbeit. Gegen 10 Uhr ist er daheim im Elternhaus aus den Federn gekrochen. Mit dem Fahrrad klappert er die Sparkasse und das Postamt ab und heizt das Zimmer in der Wohnung von Oma Huber. »Hier hast du noch eine Büchse mit Würstchen«, beschenkt sie Klaus-Peter, der vorhat, die Nacht in dem Zimmer zu verbringen. Er will seinen freien Tag genießen. In einer Gaststätte am Gudelacksee, einem der vielen Seen rund um Lindow, trifft er auf einen Kollegen. Gemeinsam trinken sie je drei Glas Bier und einen doppelten Likör. Weitere Stationen der beiden Männer sind die Gaststätte *Kulturhaus*, das Kino und später die Gaststätte *Sportlerheim*, in dem an diesem Abend Fußballer gemeinsam mit Frauen lustig feiern. Vom Tonband wird Musik abgespielt, und es wird getanzt. Mit dabei ist Barbara Müller. Weil der Gatte sich gerade eine Raucherpause vor dem *Sportlerheim* gönnt, bittet Klaus-Peter die attraktive Barbara zum Tanz. Haase kennt sie flüchtig und glaubt, Zuneigung zu spüren. Sexuelles Begehren wächst in ihm. Er begleitet Müllers bis zur Haustür. Noch hofft er auf ein intimes Abenteuer. Daraus wird nichts.

Enttäuscht sucht er sein Zimmer in der Wohnung von Anna Huber auf. Die alkoholschweren Schritte im

Korridor hallen, die Tür zum Zimmer von Haase fällt besonders kräftig ins Schloss. Jetzt, kurz nach Mitternacht, hören sich Geräusche noch lauter an. Anna Huber hat zudem den leichten Schlaf älterer Menschen. Sie steigt aus dem Bett, zieht sich ihre Kittelschürze über und geht dem Radau in der Wohnung auf die Spur. Klaus-Peter schwankt auf die Tür der Toilette zu. Er ist nur spärlich in Unterwäsche bekleidet. Dafür und für die Störung der Nachtruhe erntet der Untermieter böse Blicke der Wohnungsinhaberin. Die zieht sich sichtlich verärgert in ihr Schlafzimmer zurück.

Zorn und Empörung sind dem jungen Mann nicht verborgen geblieben. Er klopft bei der alten Dame an die Tür, betritt das Zimmer und entschuldigt sich für die Störung. Die Standpauke, die sie ihm hält, lässt er geduldig und einsichtsvoll über sich ergehen. »Das kommt hoffentlich nicht wieder vor«, nimmt sie die reumütige Entschuldigung an. »Und du gehst jetzt ins Bett«, fordert sie Haase zum Verlassen des Zimmers auf. Sie sitzt dabei auf der Bettkante und macht Anstalten, sich schlafen zu legen. Dabei rutscht die Kittelschürze ein Stück weit nach oben. Die nackten Oberschenkel, die zu sehen sind, verstärken bei dem Mann intimes Begehren. Die sexuelle Erregung war nach dem Tanz mit Barbara Müller im *Sportlerheim* und ihrer späteren Zurückweisung ohnehin noch nicht abgeklungen.

Haase folgt der Aufforderung von Anna Huber und geht aus dem Zimmer hinüber zur Toilette. Kurze Zeit später steht er wieder vor ihrer Tür. Die nackten Oberschenkel der alten Dame sind weiter in seinem Gedächtnis. Das Verlangen nach Geschlechtsverkehr ist nicht zu bremsen. Mit dem Vorwand, sich nochmals für sein lautes Fehlverhalten entschuldigen zu wollen, tritt er ins Zimmer. Die zweiundneunzig Jahre alte Frau liegt mit geöffneten Augen im Bett. Sie duldet, dass sich Haase zu ihr aufs Bett setzt. Nach einer belanglosen Unterhaltung beginnt Anna Huber, erneut zu schimpfen. Undiszipliniert sei er. Sie werde alles seinen Eltern erzählen, und er solle in den nächsten Tagen wieder ausziehen. Mit einem aus der Familie Haase konnte es ja nicht gutgehen. Sie habe es ja befürchtet, holt sie zum Rundumschlag aus.

Im Kopf von Haase braut sich Schlimmes zusammen: Das Meckern über seine Familie, die Ablehnung all seiner beruflichen Wünsche, der in nicht unerheblicher Menge genossene Alkohol verknoten sich zu einem Bündel. Dunkle Mächte erzeugen sadistische Bilder in seinem Kopf. Die Triebe, die er bisher in der Realität beherrscht hatte, lassen sich nicht mehr zügeln.

Ich will der Frau Gewalt antun.
Sie liegt im Bett.
Sie soll tun, was ich will.
Ich will mit ihr Sex haben.
Ich will, dass sie sich wehrt.
Dass sie schreit.
Ich will …

Klaus-Peter Haase schlägt mit der Faust auf sie ein. Mindestens sechsmal trifft er hart in ihr Gesicht. Das Opfer wehrt sich, hält die Arme schützend vor den Kopf. Der Täter würgt sie. Als er nachlässt, schreit Anna Huber zweimal um Hilfe. Der Täter hat Angst, dass die Schreie von Nachbarn gehört werden. Er will seinen sadistischen Trieben freien Lauf lassen. Er würgt die alte Dame. Die kämpft um ihr Leben, kann sich sogar kurzzeitig zur Seite drehen und damit den Druck des Angreifers mindern.

Sie ist dem Täter in allen Belangen unterlegen.

Haase drückt mit der Faust auf den Kehlkopf.

Die Arme des Opfers erschlaffen. Anna Huber bewegt sich nicht mehr.

Zur Besinnung kommt der Täter nicht. Er entkleidet die Frau. Er beißt ihr in die Brust. Er drückt ihre Schenkel auseinander.

Der Mann legt sich auf die nackte Frau. Einmal im Bett, und dann noch einmal davor auf dem Fußboden. Sein Unterkörper bewegt sich: auf und nieder, auf und nieder …

Den Höhepunkt, den Orgasmus, erlebt er nicht. Sperma wird später bei der gerichtsmedizinischen Untersuchung an der Leiche nicht gefunden.

Der Vergewaltiger und Mörder zieht Anna Huber das Nachthemd über und legt die Tote ins Bett. Bevor Klaus-Peter Haase das Zimmer verlässt, entwendet er aus dem Nachttisch des Opfers zwei 50-Mark-Scheine.

Am Mittag des folgenden Tages wird Anna Huber gefunden. Haase wird verhaftet.

Das Bezirksgericht Potsdam verurteilt den Angeklagten Klaus-Peter Haase im Oktober 1985 wegen Mordes zu einer Freiheitsstrafe von fünfzehn Jahren. Es ist die zeitlich begrenzte Höchststrafe für Mord. Die Richter berücksichtigen strafmildernd die ansonsten positive Täterpersönlichkeit und die sadistische sexuelle Fehlentwicklung des Angeklagten, die bereits zur verminderten Schuldfähigkeit tendiere. Das bewahrt Haase vor einer lebenslangen Freiheitsstrafe.

Das Gericht ordnet die fachärztliche Heilbehandlung an. Die soll bereits im Strafvollzug beginnen. Ziel ist es, die sadistische Triebausrichtung einzudämmen.

Klaus-Peter Haase wird im September 1992 auf Bewährung in die Freiheit entlassen.

Von der Wiege bis zum Grab

Liegt das Unheil schon in der Wiege des Neugeborenen? Dieses furchtbare, verhängnisvolle Geschehen, das zwei Menschen das Leben kostet?

Als Erhard Dahmer im August 1949 im thüringischen Saalfeld mit einem Schrei sein irdisches Dasein verkündet, scheint es so zu sein. Die Umstände, in denen der Junge heranwächst, sind nicht leicht. Doch was ist schon leicht in diesen ersten Jahren nach dem verheerenden Zweiten Weltkrieg und in der Zeit, als Deutschland sich in zwei Republiken teilt?

Laufen lernt der kleine Erhard zunächst im Haus seiner Großeltern in einem kleinen Ort in der Nähe von Saalfeld. Die Eltern seiner Mutter Monika betreiben dort eine Gastwirtschaft mit Pension. Viel Arbeit ist zu leisten, um über die Runden zu kommen. Mama, Oma und Opa haben wenig Zeit, sich um den kleinen Erhard zu kümmern. Zärtlichkeiten, ein Kuscheln, gemeinsame Freizeitgestaltung – das Baby, der kleine Junge, lernen Nestwärme nicht kennen und schon gar nicht fühlen. Das Kind wird gestillt, gefüttert und gewindelt, mehr aber auch nicht. Es gibt einen Erzeuger, aber keinen Vater. Erhard hat ihn nie kennengelernt. Viel Zeit verbringt er tagsüber und manchmal bis in die Abendstunden hinein im Laufgitter. Das steht abseits der Theke in einer Ecke der Schankstube. In diesem knapp drei Quadratmeter kleinen »Ställchen« ist er über viele Stunden am Tag sich selbst überlassen.

Bergarbeiter sind in der Gaststätte und in der Pension gut zahlende Gäste. Ihre Abende verbringen sie nicht selten bei Bier und Schnaps in der Schankwirtschaft. Einmal kommen sie auf einen für das Kind gefährlichen Gedanken. Sie lassen den noch nicht einmal zweijährigen Knirps an den Alkoholresten in ihren Gläsern nippen. Die zunehmenden tollpatschigen Reaktionen des Kindes amüsieren die Männer. Erst nach Ausschankschluss bemerken die Mutter und die Großeltern, dass es dem kleinen Erhard mehr als schlecht geht. Im Krankenhaus muss das Kind stationär behandelt werden. Der Junge überlebt, und er spürt seitdem eine heftige Abneigung gegen Alkohol.

Zwei Jahre nach diesem Zwischenfall zieht Monika Dahmer mit Söhnchen Erhard nach Saalfeld. Es ist kein freiwilliger Umzug. Die Tochter muss auf Wunsch ihrer Eltern einen wesentlich älteren Mann heiraten. Die »Zwangsehe«, in der ein weiterer Junge gezeugt wird, geht in die Brüche.

Die Eltern unterstützen ihre Tochter nicht mehr. Als Alleinerziehende ist das Geld knapp und die Ärmlichkeit nimmt zu. Erhard muss sich tagsüber und nicht selten bis in den Abend hinein auf der Straße aufhalten und sich zudem um seinen knapp sechs Jahre jüngeren Halbbruder kümmern.

Wie sein Halbbruder, so wird auch Erhard zeitweise in ein Heim eingewiesen. Er fühlt sich abgeschoben. Enttäuschung und Überforderung nagen in ihm. Den kleinen Bruder vom Kindergarten abholen und ihn betreuen – dafür ist er gut. Ist die Mutter von der Arbeit daheim, muss Erhard zurück ins Kinderheim und dort schlafen.

Erhard ist inzwischen neun Jahre alt. Er darf nun wieder nach Hause.

Darf?

Das Unheil, das verhängnisvolle Geschehen, spitzt sich sogar noch zu. Die Mutter hat einen neuen Liebhaber. Der ist zehn Jahre jünger als sie und nur elf Jahre älter als Erhard. Freunde werden der Stiefvater und Monikas Sohn nicht. Im Gegenteil: Bei kleinsten Vergehen setzt es Ohrfeigen, Faustschläge und Hiebe mit Stöcken. Erhard und sein Halbbruder werden im Kohlenkeller eingesperrt, um ihnen Gehorsam beizubringen. Die Mutter lässt das unberührt. Erhard fühlt sich gedemütigt und total verraten. Mit Tabletten versucht das Kind, sich umzubringen.

Erhard ist inzwischen zwölf Jahre alt. Mutter und Stiefvater »lösen« den Konflikt mit dem »aufsässigen« Jungen, indem sie ihn aus dem Haus schmeißen. Ein halbes Jahr lang lebt er auf der Straße oder, wenn es gutgeht, bei Freunden. Der »Stromer« wird aufgegriffen und muss ins verhasste Elternhaus zurück. Anderthalb Jahre hält er Beschimpfungen und Schläge vom Stiefvater aus. Dann haut der inzwischen Vierzehnjährige von zu Hause ab. Die Familie eines Freundes nimmt ihn für ein halbes Jahr auf. Regelmäßig geht Erhard zur Schule, nächtigt mal bei diesem, ein anderes Mal bei jenem Kameraden und dessen Eltern.

Es spricht für den Jungen, dass er die Oberschule mit der zehnten Klasse erfolgreich abschließt und parallel dazu in den Klassenstufen neun und zehn den Maurerberuf erlernt.

So wie zur Kinderzeit, bleibt das Leben des Erhard Dahmer auch im Erwachsenenalter eine Achterbahnfahrt. Im Alter von neunzehn Jahren heiratet er zum ersten Mal. Seine Angetraute ist gerade achtzehn Jahre alt geworden, als es zum Standesamt geht. Zwei Jahre später wird ein Sohn geboren. Der Bund fürs Leben hält nur vier Jahre. Dann wird er einvernehmlich aufgelöst.

Erhard Dahmer stellt 1975 einen Ausreiseantrag in die Bundesrepublik, der überraschenderweise genehmigt wird. Er wird in Westberlin sesshaft. Die neue, glitzernde Welt verliert schnell an Glanz. Alles ist ungewohnt. Freunde, die ihm helfen könnten, hat er nicht.

Dahmer findet gutbezahlte Arbeit in Westberlin. Erst als Kraftfahrer und dann als Ofenmaurer bei der Firma Borsig. Er heiratet, kündigt die Arbeit bei Borsig, will als Autohändler groß ins Geschäft kommen und scheitert. Auch die zweite Ehe geht in die Brüche. Nicht nur das, denn der Traum vom großen Geld als Autoverkäufer platzt ebenso.

Der Absturz in die Arbeitslosigkeit folgt.

Während einer Umschulung lernt er Ende September 1984 die vierundzwanzig Jahre alte Carina Hoff kennen. Schon der erste Tag ihrer Bekanntschaft endet im Bett. Nach vier Wochen heißer Liebelei kommt jedoch die

Ernüchterung. Carina will die Trennung. Erhard will das nicht akzeptieren. Er möchte die schönen Erlebnisse mit der hübschen Frau weiter genießen. Am 27. Oktober 1985 soll es bei einem »Friedensgipfel«, zu dem Erhard seine Geliebte eingeladen hat, zur Reparatur der brüchigen Beziehung kommen. Am Nachmittag lässt sich Dahmer von einer Wahrsagerin die Karten lesen, um seine Chancen auszuloten. »Ich sehe dich als Mann, der zwischen zwei Frauen steht, einer jüngeren und einer älteren. Es steht eine Auseinandersetzung bevor. Es wird dann irgendwas mit dem ›Gericht‹ kommen«, orakelt sie.

Carina Hoff kommt nicht zum »Friedensgipfel«. Sie geht auch nicht ans Telefon. Erst am nächsten Tag kann Dahmer seine Carina erreichen. Er spricht von einem Nervenzusammenbruch und fleht: »Komm doch heute Abend vorbei!« Carina will zum finalen Gespräch eine Freundin mitbringen. Dahmer lehnt ab.

Carina gibt nach. Mit einem Kuchenpaket kommt sie wie versprochen in die Wohnung. Erhard hat eine Schallplatte aufgelegt und ein Kettchen mit einem Herzchen für Carina bereitgelegt. »Komm doch bitte zu mir zurück«, beschwört er sie. Carina Hoff weicht aus, dabei steht ihr Trennungsentschluss fest. Sie will Dahmer über den Trennungsschmerz helfen. »Komm, wir können ja zusammen im Bett kuscheln«, bietet sie ihm an.

Der Freund spürt, dass das überraschende Angebot zum Geschlechtsverkehr Carinas Abschiedsgeschenk sein soll. Das will er nicht. Er wird die untreue Frau töten, die er als Ursache seiner Nöte betrachtet. Mit beiden Händen umfasst er ihren Hals und drückt zu. Er greift nach dem Springseil, das auf dem Boden liegt. Das dient seiner Katze eigentlich als Spielzeug. Diesmal wird es zum tödlichen Werkzeug. Er schlingt den Strick um den Hals seines Opfers. Von hinten zieht er die Seilenden so lange zusammen, bis Carina Hoff tot ist.

Erhard Dahmer schreibt einen emotionalen Abschiedsbrief an seine Mutter. Dann schluckt er zwölf Schlaftabletten. Am nächsten Tag wacht er trotzdem neben Carinas Leiche auf. Der Täter versucht, sich an einem Fensterhaken in seiner Wohnung zu erhängen. Vergeblich. Der Strick rutscht immer wieder vom Haken. Er will sich die Pulsadern aufschneiden. Mehr als ein Anritzen ist es nicht. Er stellt sich der Polizei mit den Worten: »Ich habe meine Freundin umgebracht.« Dann schweigt er beharrlich. In der Polizeihaft unternimmt er einen weiteren Selbstmordversuch. Der scheitert, weil die Teile des Lakens von der Pritsche nicht reißfest genug sind.

Das Landgericht Berlin (West) verurteilt den Angeklagten im Mai 1986 wegen Totschlags zu einer Freiheitsstrafe von neun Jahren und einem Monat.

Am 9. Dezember 1991 wird er auf Bewährung entlassen.

Drei Jahre später

Die Reststrafe ist erlassen. Erhard Dahmer hat sich in Prenzlauer Berg in Berlin niedergelassen. Seinen Lebensunterhalt verdient er sich mit dem Verkauf antiquarischer Bücher. Neben dem Verkaufsladen betreibt er ein kleines Steh-Café. Das allerdings bringt nur Schulden ein. Er macht ein Antiquitätengeschäft auf. Damit hat er mehr Erfolg. Es floriert.

Erhard Dahmer steigt zudem erfolgreich in das Immobiliengeschäft ein. Dabei lernt er 1995 Anika kennen. Sie ist dreiundzwanzig Jahre alt, noch verheiratet und Mutter der zweijährigen Tochter Lena. Neben dem Geschäftlichen – Dahmer kauft von Anikas Vater in Annahütte ein Fünffamilienhaus mit Gastwirtschaft und Saal für 150.000 D-Mark – entwickelt sich eine Liebelei mit Anika. Deren Ehe steht vor dem Aus. Schnell finden Anika und der sechsundvierzig Jahre alte Erhard Dahmer intim zueinander. Die Partnerschaft funktioniert trotz des großen Altersunterschieds. Aus der Harmonie entwickeln sich die Sehnsucht nach Ehe und Familie. Auf Anikas Wunsch zieht ihr Partner aus der Hauptstadt in eine Plattenbauwohnung in Großräschen (Oberspreewald-Lausitz). Heimisch wird er in diesen »vier Wänden« nicht. Emsig baut Erhard fortan das Anwesen in Annahütte zur Vermietung aus und als eigenen Wohnsitz für sich, seine Lebenspartnerin und Lena, die dreijährige Tochter aus erster Ehe. Töchterchen Julia wird geboren und macht das Familienglück komplett.

Doch es droht finanzielles Unheil. Die Mieter in dem Haus erweisen sich als »Nomaden«, zahlen nichts und nehmen noch mit, was nicht niet- und nagelfest ist. Schulden häufen sich auf. Das Möbelgeschäft, das Erhard Dahmer im Saal des Hauses in Annahütte betreibt, wirft nichts ab. Der für den Kauf des Grundstücks und dem Um- und Ausbau des Hauses aufgenommene Kredit über 750.000 DM bei einer Bausparkasse mit monatlichen Raten von 4.000 Mark kann nicht bedient werden. Hinzu kommen nach einer Steuerprüfung Nachforderungen aus Dahmers einstigen Geschäften in Berlin. Das Haus kommt unter den Hammer. Die Zwangsversteigerung der Immobilie in Annahütte durch den Kreditgeber deckt die Schulden nicht ab.

Die vierköpfige Familie bezieht eine schlichte, mietgünstige Wohnung in einer kleinen Gemeinde in der Nähe von Luckau. Da beide Partner Arbeit haben, könnte es bei allen finanziellen Sorgen langsam bergauf gehen.

Stattdessen geht es weiter abwärts. Aus Erhard Dahmer, der zwar keinen Alkohol trinkt, dafür aber Haschisch konsumiert, wird ein Rauschgiftdealer. Mit 12.000 DM in der Tasche kauft er in den Niederlanden fast dreieinhalb Kilogramm Haschisch. Der Zoll erwischt ihn. Das Landgericht Aachen verurteilt ihn zu einer Freiheitsstrafe von siebenundzwanzig Monaten. Lebensgefährtin Anika hält in der schwierigen Zeit fest zu ihm. Im August 2002 erwirbt sie aus dem Erbe des Vaters in einem kleinen Ort im neuen Heimatdorf im heutigen Landkreis Oberspreewald-Lausitz für 60.000 Euro ein altes Hausgrundstück. Sie ist die alleinige Eigentümerin. Lebenspartner Erhard sitzt als Drogendealer zu diesem Zeitpunkt noch im Gefängnis.

Das Paar mit den zwei Kindern heiratet im August 2003. Vier Jahre später wird das dritte Mädchen, Nina, geboren. Erhard ist zunächst strikt gegen ein drittes Kind und drängt auf eine Abtreibung. Ehefrau Anika will dieses Kind. Eine Schwangerschaftsunterbrechung vor einigen Jahren lastet noch immer auf ihrem Gewissen. Ein Handel wird abgeschlossen: Die Frau bekommt das Kind und er ein Motorrad, das er sich schon lange wünscht. Zu den alten Schulden kommt ein neuer Kredit für den Erwerb des Gefährts.

Erhard Dahmer hat über eine Zeitarbeitsfirma einen Job in Österreich, der gut bezahlt wird. Montagearbeit, Kinder und der Umbau des Hauses in Großräschen sind zu viel. Erhard kündigt in Absprache mit der Ehefrau die Arbeit. Anika hat sich mehrfach qualifiziert und arbeitet als Sonderpädagogin bei der Arbeiterwohlfahrt (AWO) in der Spreewaldstadt Lübbenau.

Während Anika weiterhin in ihrem Beruf voranschreitet, kümmert sich Erhard als Hausmann liebevoll um die drei Mädchen. Eine unheilvolle Kindheit, wie er sie erleben musste, will er ihnen ersparen. Das gelingt ihm. Anderes gelingt nicht. Der Hausausbau geht bei knappen Finanzen und teurem Baumaterial nur schleppend voran. Die Schulden werden eher mehr als weniger. Disharmonien schleichen sich in den Ehealltag ein.

Anika lernt Norbert Wander kennen. Der ist Hausmeister in einer Oberschule in Lübbenau. In der betreut Anika Dahmer als Sonderpädagogin ein Schulkind. Der Mann beeindruckt sie. Er malt in seiner Freizeit, fertigt Holzskulpturen an und ist an Literatur interessiert. Norbert ist verheiratet und hat einen behinderten Sohn. Das belastet ihn. Er ist in psychologischer Behandlung, was für die Sonderpädagogin Anika sogar anziehend ist. Vertrauen baut sich zwischen ihnen auf. Und Zuneigung auch. Aus der wird Liebe. Anika Dahmer denkt immer intensiver über eine Trennung von Ehemann Erhard nach. Sie weiht ihre älteste Tochter Lena ein, sucht auch Rat bei Freundinnen. Die Scheidung scheint unausweichlich.

Erhard Dahmer kommt hinter das Liebesverhältnis seiner Ehefrau. Ihm fallen die intensiven Telefongespräche auf. Voller Misstrauen überwacht er heimlich das Handy der Gattin. Der SMS-Verkehr zwischen seiner Frau und ihrem Geliebten sind von gegenseitiger Fürsorge und Sehnsucht geprägt. In einem Gespräch bestätigt die Gattin Ehemann Erhard ihre Gefühle für Wander.

Norbert Wander ist allerdings von den eigenen familiären und psychischen Problemen belastet und überfordert. Er bekennt sich nicht klar zu Anika. Trotz seiner Unentschlossenheit zieht es die Frau immer wieder zu ihm hin, obwohl sie nicht wirklich Zugang zu dem neuen Freund findet. Sie glaubt, Norbert Wander zu lieben. Oder sind es ihr pädagogisches Wissen und ihr Gewissen, die sie antreiben?

Auch in Erhard Dahmer rumoren die Gefühle. Er spürt, dass er sich anstrengen muss, seine Ehefrau von der Trennung abzuhalten. Andererseits ist er zutiefst verletzt. Er schenkt ihr Blumen und schickt SMS mit Liebesschwüren. Dann legt er einen Zettel auf den Tisch, auf dem geschrieben steht, dass sie ihren Kindern bald erklären müsse, warum sie ihn in den Tod trieb. Er spricht von Liebe und Treue, mokiert sich aber in der Öffentlichkeit darüber, dass Anika nach der Geburt ihrer dritten Tochter »zu fett« geworden sei und er sich deshalb woanders umschauen müsse. Er macht das tatsächlich. Aber ausgerechnet bei der besten Freundin seiner Frau. Die Anmache scheitert kläglich.

Das Unheil nimmt seinen Lauf. Erhard Dahmer plant einen Selbstmord. Er bestellt sich im Internet »Quadroplex KO 7«-Tropfen in der Annahme, das sei ein starkes Schlafmittel. Nach der Einnahme wird er sich in der Garage in sein Auto setzen, über einen Schlauch die Abgase des laufenden Motors in das Fahrzeug leiten und sich so umbringen. Der 6. September 2010, ein Montag, soll sein Todestag sein.

Zuvor unternimmt er am Wochenende einen letzten Versuch, die zerrüttete Ehe doch noch zu retten. Er fährt mit der Ehefrau und den beiden jüngeren Töchtern nach Senftenberg zum Einkaufen. Die achtzehnjährige Lena hat anderes vor. Unterwegs begegnet er einer Postzustellerin, die ihm ein Päckchen überreicht. Darin ist das »Quadroplex KO 7«. Auf der Rückfahrt machen Dahmers auf einem Dorffest halt. Im Rahmen einer Weinverkostung kauft er eine Flasche Rotwein, obwohl er Alkohol kaum zu sich nimmt. Auch den Sonntag, den 5. September, gestaltet Erhard Dahmer familienfreundlich. Man besucht ein neues Fitnessstudio in Großräschen und am Nachmittag das Marktcafé der Bergarbeiterstadt. Bei Kaffee und Kuchen und bei Eis mit Sahne versucht er, seine Familie zu erhalten. Wie vergeblich seine Hoffnung ist, beweist eine SMS von Anika an ihre beste Freundin: *Sind im marktcafé. Glückliche familie, mach heut noch klare ansage.*

Nach dem sonntäglichen Abendbrot öffnet Erhard die Flasche Rotwein und nippt sogar am Alkohol, den er eigentlich nicht mag. Die beiden älteren Mädchen sind in ihren Zimmern, die zweijährige Nina schläft im Bettchen im Eltern-Schlafzimmer. Er fordert seine Ehefrau noch einmal auf, sich zu entscheiden. Sie wiederholt nur, was sie schon seit vielen Wochen immer wieder gesagt hat: »Es ist aus. Es gibt keine Zukunft mehr mit uns.« Sie geht hinaus auf das Grundstück und telefoniert mit ihrer Freundin. Gegen 20.45 Uhr endet das Telefonat.

Erhard Dahmer beginnt, seinen jetzt gefassten Entschluss zu verwirklichen. In der Küche mixt er das »Quadroplex« mit Cola. Er will das Getränk den Töchtern Lena und Julia servieren. Er geht zur dreizehnjährigen Julia ins Zimmer und reicht ihr ein Glas Cola. Obwohl das Mädchen dieses Getränk nicht mag, nimmt Julia einen Schluck davon. Die Mutter kommt hinzu, weil ihr das Verhalten des Mannes auffällig erscheint. »Trink nicht davon. Da könnte was drin sein«, mahnt sie. Julia läuft in Panik zu ihrer Schwester Lena und schreit: »Ich will nicht sterben, ich will nicht sterben!«

Es ist 21 Uhr. Plötzlich hören die Mädchen laute Hilfeschreie. Lena rennt die Treppe hinunter. Auf dem Fußboden vor der Küchentür liegt die Mutter. Neben ihr hockt Erhard Dahmer, der sich über seine Frau beugt. Seine Hände umfassen ihren Hals. Lena versucht verzweifelt, ihrer Mutter zu helfen. Gegen den so viel stärkeren Stiefvater hat sie keine Chance. Sie sieht auf dem Fußboden das Handy der Mutter liegen. Im Schlafanzug und barfuß rennt die Tochter quer über den häuslichen Garten zum Nachbargrundstück, auf dem ein Doppelhaus steht. Sie wählt im Laufen den Polizeinotruf 110. Zu dem Beamten sagt sie: »Der bringt meine Mutter um.« Der Polizist versteht den Namen des kleinen Ortes nicht richtig. Er spricht beruhigend mit der Anruferin und bittet sie, den Ortsnamen zu buchstabieren. Verzweifelt und von Angst getrieben, beendet Lena das Gespräch. Inzwischen ist auch Julia an den Eltern vorbei hinaus und zum Nachbargrundstück gerannt. Die Mädchen schreien verzweifelt um Hilfe. Niemand öffnet. Die einen schauen Fernsehen, die anderen sind bereits im Bett. Sie rennen zur Garage ihres Vaters und suchen nach einem schweren Gegenstand. Lena greift sich einen Akkuschrauber. Die Mädchen sehen, wie die Mutter aus dem Haus flüchtet. Ihr T-Shirt ist am Hals und auf der Brust voller Blut. Der Vater blutet am Kopf. Anika Dahmer hatte im Haus einen Gegenstand zu greifen bekommen und in der Not ihrem Mann damit kräftig auf den Kopf geschlagen. So gelang ihr die Flucht hinüber zum nachbarschaftlichen Anwesen.

Das Unheil, dieses furchtbare, verhängnisvolle Geschehen, hat längst noch nicht seinen schrecklichen Höhepunkt erreicht. Nina, das Nesthäkchen, steht plötzlich vor der Tür. Sie ist durch das Geschrei munter geworden, aus ihrem Bettchen geklettert und nach unten getapst. Schwester Julia rennt auf Nina zu und spürt plötzlich einen heftigen Schlag im Rücken. Der vor Wut rasende Vater hat ihr einen Stein hinterhergeschleudert. Sie packt die zweijährige Schwester und drückt die Kleine Lena in den Arm. Sie selbst rennt zurück ins Haus und verbarrikadiert sich. Sie will sich für alle Fälle mit einem Messer bewaffnen. Die Messer aus dem Besteckkasten in der Küche sind jedoch verschwunden.

Erhard Dahmer ist inzwischen seinem Opfer gefolgt. Mit einem Jagdmesser in der Hand stürzt er sich auf seine Frau und sticht auf sie ein. Anika Dahmer wehrt sich mit aller Kraft, verteidigt sich mit Händen und Füßen, versucht, den Messerstichen auszuweichen. Gegen die Körperkraft des Täters hat sie kaum eine Chance. Selbst als seine Ehefrau am Boden liegt, lässt er nicht von ihr ab. Er kniet sich neben sie und sticht, sticht, sticht …

Verzweifelt fleht Anika Dahmer ihre Tochter an: »Lena, hilf mir!« Die setzt Nina, die sie noch immer im Arm hält, auf der Straße ab. Beim Versuch, dem wütenden Mann die Mutter zu entreißen, sticht der Vater auf sie ein. Die zehn Zentimeter lange Schnittwunde oberhalb des Bauches muss später genäht werden.

Trotz der Verletzung versucht Lena verzweifelt, die Mutter zu retten. Mit bloßen Händen ist sie machtlos. Im benachbarten Doppelhaus, in dem ein älteres Ehepaar sowie deren Tochter mit Schwiegersohn wohnen, ist man inzwischen hellhörig geworden. Nina wird von den älteren Leuten in Obhut genommen, nebenan versucht der Schwiegersohn, den wütenden Erhard Dahmer zu beruhigen. »Erhard, komm zur Vernunft. Denk doch an deine Kinder«, mahnt er.

»Hau ab. Sie denkt ja auch nicht an die Kinder. Geh rein. Das geht euch nichts an. Das ist nicht euer Ding«, bekommt er zur Antwort.

Die schwerverletzte Anika Dahmer hat sich inzwischen über die Hoftürschwelle des Nachbarhauses wälzen können. »Helft meinen Kindern«, kann sie die Nachbarn noch anflehen. Dann sticht der wütende Ehemann ein letztes Mal zu. Die Klinge des Jagdmessers trifft gezielt und wuchtig die rechte Halsschlagader. Beim Herausziehen der Tatwaffe spritzt Blut aus dem Hals des Opfers. »Jetzt reicht's«, stellt er in ruhigem Ton fest. »Jetzt ist es gut.«

Die Gerichtsmediziner listen später in dem Sektionsprotokoll siebenunddreißig große Stich- und Schnittverletzungen an Rumpf, Armen und Beinen sowie weitere acht schwere Verletzungen in der Halsregion auf. Der Anschnitt der Halswirbelsäule mit dem Jagdmesser reicht fast bis zur Mitte der Wirbelsäule. Selbst bei sofortiger ärztlicher Hilfe wäre das Leben nach diesem »letzten Schnitt« nicht mehr möglich gewesen, sind sich die Gerichtsmediziner sicher.

»Jetzt reicht's«, »Jetzt ist es gut« – diese Worte des Täters sind noch nicht das Ende des Amoklaufs. Nun will Erhard Dahmer auch noch zerstören, was er in mühevoller Arbeit, mit viel Zeit und zusammengekratztem Geld für sich und seine Familie aufgebaut hat. Nichts davon soll bleiben. In der Garage schnappt er sich einen Kanister, schüttet Benzin über das Familienauto und sein Motorrad und zündet es an. Im Heizungsraum, in dem die Öltanks stehen, will er mit einem in Verdünnung getränkten Lappen ebenfalls Feuer entfachen. Zum Glück ersticken die Flammen.

Sein nächstes und letztes Ziel ist das Wohnhaus, in dem sich die Mädchen Lena und Julia verbarrikadiert haben. Als sie das Hämmern des Vaters an der Eingangstür vernehmen, ziehen sie die Jalousie vor der Terrassentür ein wenig hoch und flüchten durch den schmalen Spalt Richtung Dorfstraße. Durch ein Badfenster im Erdgeschoss dringt Erhard Dahmer in das Haus ein. Den noch gut gefüllten Benzinkanister schleppt er mit sich. »Kinder, raus!«, ruft er. Die Mädchen, die er noch im Haus vermutet, sollen nicht sterben. Den Kraftstoff verschüttet er in allen Räumen des Hauses und zündet im Wohnzimmer die so gelegte Lunte an.

Die von Nachbarn alarmierte Polizei trifft um 21.38 Uhr vor Ort ein. Ein Krankenwagen und die Feuerwehr sind nahezu zeitgleich zur Stelle. Anika Dahmer liegt in den letzten Atemzügen. Der Arzt kann ihr das Leben trotz sofortigen Handelns nicht erhalten.

Neben den Rettungsmaßnahmen läuft die Vor-Ort-Fahndung der Polizei. Hinter einem Busch im Garten der Dahmers entdeckt eine Polizistin den dort hockenden Täter. »Polizei, bleiben Sie stehen, oder ich schieße«, ruft sie mit vorgehaltener Waffe. »Mach doch«, bekommt die Beamtin zur Antwort. Um 21.45 Uhr wird Dahmer festgenommen.

Zehn Minuten später sind auch die drei Mädchen gefunden. Nina verbringt die Nacht in einer Nachbarfamilie. Lena und Julia werden nach Lauchhammer ins Krankenhaus gebracht. Lenas Schnittverletzungen im Bauch werden medizinisch versorgt. Julia ist mit einem Hämatom im Rücken davongekommen. Der Tod ihrer Mutter wird ihnen am nächsten Tag mitgeteilt.

Das Landgericht Cottbus verurteilt Erhard Dahmer im April 2011 wegen Totschlags und schwerer Brandstiftung zu einer Freiheitsstrafe von vierzehn Jahren. Mordmerkmale erkennt das Gericht nicht. Der Bundesgerichtshof bestätigt das Urteil.

Lena lebt zum Zeitpunkt der öffentlichen Gerichtsverhandlung bei ihrem leiblichen Vater. Um die Schwestern Julia und Nina kümmert sich liebevoll die Freundin von Anika Dahmer.

Bei aller Fürsorge: Die traumatischen Erlebnisse in dieser unheilvollen Nacht, dieses furchtbare, verhängnisvolle Geschehen, werden die Mädchen wohl nie überwinden.

Das Skelett am Fuchsbau

Der siebenunddreißigjährige Jürgen Stubben aus Gräningen im Landkreis Havelland ist von Beruf Agrotechniker im örtlichen Landwirtschaftsbetrieb und in der Freizeit leidenschaftlicher Jäger. Wie es sich für einen Weidmann gehört, ist er regelmäßig in seinem Jagdgebiet am Großen Berg in Gräningen bei Rathenow unterwegs. So auch am ersten Freitag im August 1986. Über das Beobachten seines Reviers, beim Gang durch den Forst und vom Hochsitz aus, ist die Zeit vergangen. Die Dunkelheit bricht herein. Ein Fuchs schnürt vor ihm durch den Wald. Stubben legt an, zielt und drückt ab. Der Schuss zerreißt die abendliche Stille. Der Fuchs flüchtet ins Dickicht am Großen Berg. Stubben ist überzeugt, dass er das Tier getroffen hat. Eine erste Suche bleibt ergebnislos. Die Dunkelheit stoppt dic Fahndung nach dem Tier.

Am nächsten Tag, einem Samstag, setzt sich Stubben gegen Mittag auf sein Moped und ist wenig später im Wald. Er geht das Revier am Großen Berg ab, in das der Fuchs am Vorabend geflüchtet war. Dabei entdeckt er einen Fuchsbau. Der ist leer. In unmittelbarer Nähe der Höhle vermutet er in einer Senke das verendete Tier. Was er sieht, lässt ihn, jetzt im Hochsommer, förmlich das Blut in den Adern gefrieren. Im losen Sand am Boden der Kuhle stecken zwei Schuhe. Knochen ragen daraus hervor. Die sind in Höhe der Knöchel mit einem Strick und einer Kette verknotet. Neben den Gebeinen liegen weitere Knochenreste. Es sind offensichtlich Teile eines menschlichen Skeletts. Von daheim aus informiert Stubben die Polizei. Handys gibt es in der DDR noch nicht. Er führt die Kriminalisten vom Volkspolizei-Kreisamt Rathenow hin zu der zwölf Quadratmeter großen Fläche im Wald am Großen Berg. In der Mitte befindet sich eine Grube. An einem Grubenrand, im lockeren Sand fast aufrecht stehend, ragt das Stück eines Beckenteils hervor. Es stammt augenscheinlich von einem menschlichen Skelett. An der dem Knochengerüst schräg gegenüber liegenden Seite ist ein moderner Freizeitschuh mit schwarzer Sohle sichtbar. Um den Knochen, der fast senkrecht darin steckt, ist eine Plasteleine verknotet.

Unter Aufsicht eines Fachmanns vom Gerichtsmedizinischen Institut Potsdam wird der Sand in der Grube abgetragen. Der zweite Schuh wird dabei gefunden, in dem ebenfalls ein Knochen steckt. Beide Gebeine sind miteinander verknotet. Beim Vergrößern der Grube rutscht der lose, durch die sommerliche Hitze ausgetrocknete märkische Sand zur Seite. Weitere Knochenteile werden sichtbar. Vorsichtig, erst mit dem Spaten, dann mit einer Pinzette werden sie freigelegt. Hervor kommen die Überreste eines menschlichen Schädels. Nach und nach wird das gesamte menschliche Skelett sichtbar. Kleidungsstücke sind noch erkennbar. Dazu zählen eine weiße, hemdartige Bluse, ein beigefarbener Büstenhalter, der ordentlich angelegt ist, sowie Reste eines Cordstoffs, die von einem Rock oder einer Hose stammen könnten. Zwei Tage nach dem Fund des menschlichen Skeletts vor dem Fuchsbau im Gräninger Wald wird es zur Gewissheit. Bei der Leiche handelt es sich um die seit dem 13. Juni 1985 vermisste Sahra Krahwinkel, eine Straßenbahnfahrerin im VEB Verkehrsbetriebe Brandenburg. Nach dem Abgleich des Gebisses mit dem Zahnabdruck bei ihrer Zahnärztin gibt es keinen Zweifel an der Identität. Die Todesursache ist nicht mehr sicher feststellbar. Die Gerichtsmediziner gehen davon aus, dass die Frau erdrosselt worden ist.

Rückblende. 13. Juni 1985.

Der Fahrdienstleiter im VEB Verkehrsbetriebe in Brandenburg an der Havel begrüßt seinen Straßenbahnfahrer Bodo-Hans Stehr an diesem Tag besonders herzlich zur Nachtschicht. »Wenigstens du kommst«, freut er sich über die Pünktlichkeit seines »Kutschers«.

»Wieso sollte ich denn nicht kommen?«, wundert sich Bodo.

»Die Sahra Krahwinkel ist heute nicht zur Nachmittagsschicht gekommen. Sie war ja mal deine Fahrschülerin, und ihr versteht euch seit dieser Zeit besonders gut. Weißt du, was mit ihr ist? Daheim war sie nicht, und auch nicht bei ihrer Zahnärztin. Dort habe ich nachgefragt, ob es Komplikationen gab. Sie hat den Arzttermin ohne jeden Grund nicht wahrgenommen.«

Bodo reagiert auf das anzügliche »Ihr kennt euch doch gut« seines Chefs nicht. Er kennt die Gerüchte, die im Betrieb wegen seiner angeblichen mehr als nur kollegialen Beziehung zur neunzehnjährigen Sahra kursieren. »Was heißt gut?«, kontert er seinen Meister. »Ich habe sie heute Vormittag im Betrieb getroffen. Sie hat zur gleichen Zeit ihren Lohn abgeholt wie ich auch. Danach habe ich sie nicht mehr gesehen.«

Das Verschwinden von Sahra kurz nach dem Geldempfang im Lohnbüro bleibt ein Rätsel. Etwa fünfzehn Minuten nach dem Verlassen des Betriebs haben Zeugen die junge Frau ein letztes Mal an der Straßenbahnhaltestelle »Sporthalle« in der Straße der Aktivisten in Brandenburg gesehen. Dort verliert sich ihre Spur. Trotz intensiver Fahndung der Polizei bleibt Sahra Krahwinkel verschwunden. Es gibt kein Lebenszeichen von ihr. Der Verdacht, dass sie Opfer eines Verbrechens wurde, verstärkt sich mit jedem Tag ohne Lebenszeichen der Gesuchten. Eltern, Verwandte, Bekannte, Freunde werden befragt. Neben zwei weiteren Männern, Ex-Freunden von Sahra, rückt Bodo-Hans Stehr in den Mittelpunkt der Kripo-Ermittlungen. Ohnehin nicht mit ehelicher Treue verheiratet, hatte sich eine engere Freundschaft zwischen Sahra und dem von ihr angehimmelten Bodo entwickelt. Die junge Frau schmiedet gar Zukunftspläne. Ihr Bodo, so hofft sie, wird sich von seiner Frau und den drei, von ihr in die Ehe eingebrachten Kindern scheiden lassen. Gemeinsame Fahrten in die

Umgebung mit der Kollegin und auch das eine oder andere Zettelchen mit Liebesandeutungen, das Bodo ihr zukommen lässt, verstärken Sahras Hoffnungen auf eine gemeinsame Zukunft.

Am Ende jedoch stehen die Kriminalisten wieder am Anfang. Alle Tatverdächtigen haben überzeugende Alibis. Auch die Aussage von Stehr ist nicht zu widerlegen. Stehr gibt an, dass er mit seinem Stiefsohn Jan im Betrieb seinen Lohn abgeholt hat, danach mit dem »Wolga« an der Tankstelle war und anschließend mit dem Jungen nach Hause gefahren ist. Mit seiner Frau habe er am Nachmittag Einkäufe erledigt, daheim Kaffee getrunken und vor dem Dienstantritt noch ein wenig geruht. Die Gattin und der Junge bestätigen das.

Ende des Jahres 1986 wird das Ermittlungsverfahren gegen »Unbekannt«, wie es offiziell zum ungeklärten Mord an Sahra Krahwinkel heißt, vorläufig mit der Begründung eingestellt, dass keinem Verdächtigten die Tat nachgewiesen werden kann.

Kriminalisten sind bei solchen Verbrechen besonders hartnäckig und bleiben dran.

Einer der Mordverdächtigen, Bodo-Hans Stehr, muss dennoch ins Gefängnis. Wegen verbrecherischen Betrugs wird er zu zwei Jahren und drei Monaten Freiheitsentzug verurteilt. Seine Ehefrau lässt sich 1986 scheiden. Jetzt gerät das Alibi von Stehr im Zusammenhang mit den Ermittlungen zum Mord an Sahra Krahwinkel ins Wanken.

Als der Staatsrat der DDR 1987 eine Amnestie erlässt, hofft Bodo-Hans Stehr auf eine vorzeitige Entlassung aus dem Gefängnis in Waldheim. Das Gegenteil ist der Fall. Die Zelle im Gefängnis in Waldheim muss er im Juli 1987 umgehend mit einer Zelle in der Justizvollzugsanstalt in Potsdam tauschen. Gegen ihn ist Haftbefehl wegen des Verdachts des Mordes an Sahra Krahwinkel erlassen worden. Neue Aussagen der Ehefrau und des Stiefsohns zum Tagesablauf im Juni 1985, als Sahra Krahwinkel verschwand, setzen das Geschehen in ein anderes Licht.

Stehr ist in Potsdam mit zwei weiteren Häftlingen untergebracht. Kaum in seiner neuen Gefängniszelle angekommen, regt er an, ein Strafgesetzbuch kommen zu lassen. Man könne sich ja mal darüber informieren, welche Unterschiede bei lebenslanger Strafe und lebenslänglicher Strafe für Mord bestehen. Auf die Frage seiner Mitinsassen, was dieser Unsinn soll, antwortet Stehr: »Ich habe seit zwei Jahren ein Problem, mit dem ich nicht fertig werde.«

Einmal, als Häftling Stehr nach einer der vielen Vernehmungen bei der Morduntersuchungskommission zum Tötungsverbrechen an Sahra Krahwinkel zurück in seine Zelle gebracht wird, bittet er einen Zelleninsassen, ihm die Karten zu legen.

»Ich kann die ganze Sache nicht mehr aushalten«, sagt er zur Begründung.

Der Mithäftling befragt die Karten und gibt das Orakel bekannt: »Du bist ein unausgeglichener Mensch und hast eine unsichere Zukunft vor dir.«

Stehr weiß, dass die Aussage zutreffend ist. »Den

Eindruck habe ich auch«, antwortet er auf die düstere Zukunftsperspektive.

Es vergehen noch Wochen und Monate, bis Bodo-Hans Stehr erst bei der Kripo und dann im April 1988 dem Staatsanwalt gesteht, was am 13. Juni 1985 geschah.

Rückblende ins Jahr 1985

Die eingangs erwähnten Gerüchte im betrieblichen »Buschfunk« haben durchaus einen Wahrheitsgehalt. Bei der Ausbildung zur Triebfahrzeugführerin sind sich die neunzehnjährige Sahra und ihr vierzig Jahre alter, gut aussehender Ausbilder Bodo nahegekommen. Er ist ein richtiger Mann, eben ganz anders, als die Kerlchen ihres Alters. Ein Küsschen von Sahra auf die Wange tut dem Mann in den besten Jahren gut. Ein Kompliment von ihm schmeichelt der hübschen Fahrschülerin. Man kommt sich näher und immer näher, zumal es in der Ehe von Stehr kriselt. Sahra ist in Bodo verknallt. Sie drängt auf seine Scheidung und träumt von einer Hochzeit.

Der Mann flirtet. Entscheiden kann er sich nicht.

Am 13. Juni 1985, dem Zahltag im Verkehrsbetrieb in Brandenburg, ist es nicht anders. Es mag Zufall sein, dass sich Sahra und Bodo zur gleichen Zeit gegen 11.30 Uhr zum Empfang der Lohntüte treffen. »Du siehst wieder hübsch aus«, schmeichelt der Mann.

»Bodo, wir müssen uns heute noch dringend treffen«, bittet sie.

Stehr kommt das im Beisein seines Sohnes nicht gelegen. Er lehnt ab. Sahra drängt auf ein Treffen. Der Mann kann ihr nicht widerstehen. Er fährt mit seinem »Wolga« an die Tankstelle, an der die übliche Warteschlange ausnahmsweise mal kurz ist, und bringt seinen Sohn Jan nach Hause. Er soll Mutti sagen, dass es später wird mit dem Einkauf.

Zur Mittagszeit fährt Stehr zum vereinbarten Treffpunkt an der Gaststätte *Schmale Weste* in Brandenburg. Sahra steigt zu ihm ins Auto. Bodo versucht, ihr klarzumachen, dass es wohl nichts werde zwischen »ihr« und »ihm«. An ihrer Enttäuschung lässt die Frau keinen Zweifel. Aber auch nicht an ihrer Hoffnung und Hartnäckigkeit. »Lass uns irgendwo hinfahren und darüber sprechen«, bittet sie den Mann ihrer Träume.

Stehr weiß, dass seine Kollegin um 14.50 Uhr ihren Dienst als Straßenbahnfahrerin bei den Verkehrsbetrieben in der Stadt Brandenburg antreten muss. Dennoch willigt er in die Spritztour ein.

In schneller Fahrt geht es mit der Edelkarosse »Wolga« Richtung Nauen. Eine halbe Stunde später sind sie in der Stadt. Stehr parkt das Auto in der Nähe einer Milchbar. Das Gespräch zwischen Sahra und Bodo in dem Café trägt nichts zur Klärung der Beziehung bei. Obwohl Stehr sich in Nauen gut auskennt, verpasst er wegen all der Erregung bei der Rückfahrt die Abfahrt nach Brandenburg und landet auf der Fernverkehrsstraße 5 in Richtung Kyritz. Er jagt seinen »Wolga« über die Straße. Die Beifahrerin bremst ihn aus.

»Brauchst nicht so zu rasen, ich gehe heute ohnehin nicht mehr arbeiten.«

Die Aussprache in der Milchbar beschäftigt den Mann. Er ist mit seinen Gedanken woanders. Bodo verpasst die eine Straße nach Brandenburg, dann eine andere, und landet plötzlich in Gräningen. »Komm, lass uns ein Stück in den Wald hineinfahren«, drängt die Frau an seiner Seite. Bodo fährt in einen Feldweg hinein, der in einem Wäldchen mündet. Er will mit Sahra im Guten auseinandergehen. Aus dem Kofferraum holt er eine Decke. Sahra setzt sich drauf. Sie holt eine Zigarette aus der Tasche und raucht. Bodo, der noch ein paar Handgriffe im Auto zu erledigen hatte, kommt hinzu. Sahra ist bereits oben herum nackt. Die Brüste sind jugendlich knackig. Dann fallen alle ihre Hüllen. Ihre dunkel behaarte Scham ist unbedeckt. Der Mann kann den Reizen nicht widerstehen. Auch er lässt in Windeseile alle Hüllen fallen. Frau und Mann lieben sich mit aller Leidenschaft.

Die Momente der Befriedigung sind abgeklungen. Man zieht sich an und genehmigt sich trotz aller Warnungen das Rauchen im Wald. »Bist halt doch nicht so eisern, wie du immer tust«, bekommt er von Sahra zu hören. Sie ist zufrieden ob ihrer Verführungskünste und setzt noch einen drauf: »Besonders gut warst du aber nicht.«

Für die schlechte Bewertung seiner männlichen Standhaftigkeit erntet die Frau zwei kräftige Ohrfeigen. »Komm, wir fahren zurück«, fordert der erniedrigte und erzürnte Bodo-Hans Stehr.

Sahra droht: »Ich sage sowieso alles deiner Frau. Dass wir uns lieben und ein Verhältnis haben. Und dass wir heiraten wollen.«

Der Mann hat sich nicht mehr in der Gewalt. Er stürmt auf sie zu und streckt sie mit drei Fausthieben zu Boden. Die zierliche Frau fällt auf den Rücken und bleibt regungslos liegen. Stehr setzt sich ins Auto und raucht hintereinander drei Zigaretten. Beim Blick in den Rückspiegel sieht er Sahra noch immer regungslos liegen. Er geht zu ihr hin und rüttelt sie. Das Opfer schlägt die Augen auf. »Was soll dieses Theater!«, schimpft er und geht Richtung Auto.

»Du wirst schon sehen, was du davon hast«, droht sie ihm erneut.

Bodo dreht sich um. Sein Jähzorn siegt über den Verstand. Er umfasst mit beiden Händen den Hals der Frau. Die Daumen liegen auf dem Kehlkopf. Er drückt mit aller Kraft und über einen längeren Zeitraum zu. Sahra wehrt sich, strampelt mit den Beinen und versucht, sich am Erdboden abzustützen. Vergeblich.

Stehr lockert seine Hände am Hals erst, als der Kopf seines Opfers zur Seite fällt und Sahras Arm, mit dem sie sich gewehrt hatte, von seiner Schulter gleitet.

Entsetzt über seine Tat, von der er wusste, dass sie zum Tod führen musste, unternimmt der Täter Versuche zur Wiederbelebung. Sie sind erfolglos.

Nach ein paar »Zigaretten des Grübelns« fängt er an, die Spuren des Verbrechens zu beseitigen. Aus dem Kofferraum des Autos holt er einen Handspaten. Damit erweitert und vertieft er die Senke am Fuchsbau im Wald bei Gräningen. Er wickelt das Opfer in eine Decke ein, bindet ihm die Augen mit einem Tuch aus dem Verbandskasten seines Pkw zu und verschnürt die Leiche mit einem Seil und einer Kette, die er ebenfalls aus dem Kofferraum des Autos geholt hat. Dann legt er sie in die Grube. Er nimmt dem Opfer die Quarzuhr vom Handgelenk, die er später bei einem Trip ins Nachbarland für 250 Tschechoslowakische Kronen verkauft. Sahras Lohntüte, die mit 953 Mark gut gefüllt ist, nimmt er an sich. Die Handtasche des Opfers mit Personal- und Betriebsausweis sowie die Windjacke der Toten verbrennt er am nächsten Tag daheim im Kohleofen. Schlüsselbund, Brille und andere nicht brennbare Gegenstände, die auf das Opfer schließen lassen könnten, wirft er von einer Brücke in Brandenburg, um sie in der Havel zu versenken. Eine Tauchergruppe der Polizei findet davon nichts.

Als er am Tag des geplanten Einkaufs mit seiner Gattin erst gegen 19 Uhr daheim eintrifft, hagelt es Vorwürfe. Er kann sie entkräften.

Pünktlich zu seiner Schicht erscheint er auf seiner Arbeitsstelle im VEB Verkehrsbetriebe Brandenburg. Die Freude seines Fahrdienstleiters hält nicht lange an. Schon nach wenigen Fahrten meldet er sich wegen angeblicher Gallenschmerzen von der Schicht ab.

Das Bezirksgericht Potsdam verurteilt Bodo-Hans Stehr im Mai 1988 wegen Mordes zu einer Freiheitsstrafe von fünfzehn Jahren. Das Urteil entspricht den Anträgen der Staatsanwaltschaft und der Verteidigung. Einzig die nicht zu widerlegenden Provokationen des Opfers vor der Tat bewahren den Angeklagten vor einer lebenslangen Freiheitsstrafe.

Die Strafe wird im Gnadenweg auf zwölf Jahre herabgesetzt. Im November 1999 wird Bodo-Hans Stehr entlassen.

Bizarre Beziehungen

Günter Ulitz muss bei seiner Geburt am 4. Dezember 1946 in Königs Wusterhausen (im heutigen Landkreis Dahme-Spreewald gelegen) schon mit dem falschen Fuß auf die Welt gekommen sein. Anders ist sein Weg in und durch das Leben nicht erklärbar. Es ist voller bizarrer Beziehungen.

Seine leiblichen Eltern hat Günter Ulitz nie kennengelernt. Er ist noch nicht einmal zwei Jahre alt, als er nach Eichwalde in die Obhut von Adoptiveltern gegeben wird. Ein glückliches Familienleben entwickelt sich nicht. Der Mann in der Familie, Werkzeugmacher von Beruf, kümmert sich nach der Arbeit oder an Wochenenden kaum um das Kind. Und wenn doch, dann ohne jegliche väterliche Beziehungen zum Adoptivsohn. Die Mutter führt als Hausfrau das Regime mit wortgewaltiger und auch schlagkräftiger Strenge. Selbst bei kleinen Vergehen gibt es für den Jungen schnell kräftige Maulschellen. Liebevolles Kuscheln, etwa sonntags im Bett der Eltern, erlebt er nicht. In der Schule findet Günter keine Freunde. Im Gegenteil. Die Gleichaltrigen verspotten ihn, weil er kaum einen Satz stotterfrei über die Lippen bekommt. Mehr als einmal entflieht er dem Elternhaus und schwänzt die Schule. Die Mutter lässt den Knaben in der kinderpsychiatrischen Klinik der Berliner Charité untersuchen. Dort wird der Verdacht einer frühkindlichen hirnorganischen Schädigung festgestellt.

Kurz nacheinander sterben 1957 erst der Adoptivvater und ein Jahr später die Mutter, jeweils an Lungenentzündung. Den Tod des Vaters beweint das Kind, den der Mutter nicht. Vor allem wegen ihr war er mehr als einmal von daheim weggelaufen.

Dumm ist Günter Ulitz nicht. Die Oberschule meistert er, wenn auch nicht mit Topleistungen, so doch mit befriedigenden Noten. Nach der zehnten Klasse beginnt er in Hennigsdorf eine Lehre als Stahlwerker. Ein halbes Jahr vor Ende der Lehrzeit will er aus der DDR nach Westberlin flüchten. Er wird geschnappt. Statt beim Onkel im Westen zu landen, den er kaum kennt, landet er im Jugendwerkhof in Lehnin.

Freunde hat Günter Ulitz nach wie vor nicht. Mit Männern kommt er nicht zurecht, sie sind ihm zu derb. Zu Frauen findet er schneller Kontakte. Die Beziehungen bestehen jedoch in der Regel nur kurze Zeit. Nur einmal hält er es länger bei einer Frau aus. Oder, genauer gesagt, die Frau mit ihm. Nach vier Jahren Gemeinsamkeit zerbricht die Partnerschaft. Wegen Fremdgeherei jagt ihn die Freundin aus ihrem kleinen Zuhause. Den Ärger spült er mit einer Flasche Schnaps hinunter. Aus Wut, dass ihr nun alles und ihm nichts gehören soll, schlägt er sie mehrfach ins Gesicht und zündet im Wohnzimmer deren Kleidungsstücke und Gardinen vor den Fenstern an. Das Kreisgericht Oranienburg verurteilt ihn deshalb im August 1981 wegen versuchter Brandstiftung und Körperverletzung zu fünfzehn Monaten Haft.

Wenn es etwas Stetiges in seinem Leben gibt, sind es

die bizarren Beziehungen zum Alkohol, zur Polizei, zu Staatsanwälten, Richtern und zu Gefängniswärtern. Er sitzt mehr hinter Gittern, als er in Freiheit ist:

- *Februar 1967:* Das Stadtbezirksgericht Berlin-Friedrichshain verurteilt ihn wegen mehrfachen schweren Diebstahls zu einem Jahr und drei Monaten Zuchthaus.
  Entlassung: Januar 1968.
- *Mai 1968:* Wegen schweren Diebstahls und weiterer Straftaten verhängt das Gericht in Oranienburg gegen Günter Ulitz zwei Jahre und zwei Monate Zuchthaus. (Die Abkürzung »Z« verhüllte in der DDR die Zuchthausstrafe und bedeutete für Strafgefangene besonders strenge Haftbedingungen und teils schwere körperliche Arbeit. Die Zuchthausstrafe wurde mit dem neuen Strafgesetzbuch der DDR im Juli 1968 abgeschafft.)
  Entlassung: Mai 1970.
- *August 1970:* Günter Ulitz wird wegen schweren Diebstahls zu zwei Jahren Freiheitsstrafe verurteilt.
  Entlassung: Juni 1972.
- *Mai 1981:* Gegen Günter Ulitz wird eine einjährige Gefängnisstrafe wegen mehrfachen Diebstahls verhängt. Seiner damaligen Lebensgefährtin hat er 300 Mark und deren Tochter aus der Sparbüchse 25 Mark gestohlen. Außerdem hat Ulitz auf seiner Arbeitsstelle, einer Kosmetikfabrik, zehn Lippenstifte im Wert von 85 Mark mitgehen lassen.
- *August 1981:* Ulitz erhält die bereits erwähnte Strafe

von fünfzehn Monaten wegen versuchter Brandstiftung und Körperverletzung nach der Trennung durch die Lebensgefährtin.

- *Januar 1983:* Wegen mehrfachen Diebstahls in der Betriebskantine seiner Arbeitsstelle bekommt er zwei Jahre Gefängnis aufgebrummt.
  Entlassung: September 1985.
- *April 1986:* Ulitz stiehlt einem Betrunkenen, der auf einer Parkbank schläft, Geld aus dem Einkaufsbeutel.
  Entlassung: Juli 1987.
- *August 1987:* Wegen mehrfachen Diebstahls wird Ulitz zu zwei Jahren und drei Monaten Gefängnis verurteilt.
  Entlassung: Dezember 1987 aufgrund einer Amnestie.
- *Oktober 1988:* Gegen Günter Ulitz wird eine Haftstrafe von einem Jahr und sechs Monaten wegen Diebstahls verhängt.
  Entlassung: Dezember 1989 aufgrund einer Amnestie.

Ausnahmsweise wieder einmal in Freiheit, entwickelt sich im Dezember 1987 in einem kleinen Dorf im heutigen Landkreis Oberhavel eine Beziehung der besonders bizarren Art.

Nach seiner Haftentlassung bezieht Günter Ulitz eine Wohnung in einem Haus, in dem Erna Winzer schon seit vielen Jahren lebt. Sie ist 1919 geboren und damit siebenundzwanzig Jahre älter als der neue Mieter. Trotz des Altersunterschieds verstehen sich die alte Dame und der Mann, der ihr Sohn sein könnte, schon nach kurzer Zeit recht gut. Sie heizt die Wohnung des neuen Nachbarn. Der kocht hin und wieder für sie. Es wird gemeinsam gegessen und gemeinsam ferngesehen. Dafür hat Erna Winzer ihren Apparat in die Wohnung des Nachbarn gestellt. Sie ist fast nur bei ihm, er dagegen fast nie bei ihr. Reinlichkeit ist nämlich alles andere als eine Tugend von Oma Erna. Im Gegenteil: Die Wohnung strotzt vor Schmutz und Unrat. Üble Gerüche machen das Atmen schwer. Gern erzählt die alte Dame ihrem jungen Freund – wie anderen Nachbarn auch –, dass sie von fremden Männern begehrlich angeschaut wird.

Allerdings nicht von Günter. Der ist in Karla Bremer verliebt. Die hat zwei Kinder, im Moment aber keinen Mann. Die Beziehung passt. Nur Erna Winzer passt sie nicht. Sie lässt kein gutes Haar an der Freundin ihres Nachbarn. »Die macht doch bloß die Beine breit«, giftet sie gegen die neue Partnerin.

Allerdings muss sich Günter das eifersüchtige Geschimpfe der alten Dame schon bald nicht mehr anhören. Seine zunächst letzte Haftstrafe hat er nämlich ihr zu verdanken. Sie hatte ihm Geld überlassen, das er für sie als Miete einzahlen sollte. Beim Vermieter kam davon aber nicht ein Pfennig an. Zudem wechselten 100 Mark aus einer Geldbörse der Erna Winzer in die Tasche des Kriminellen. Das Kreisgericht Oranienburg stellt ihm für die Unterschlagung des Mietzinses und für den 100-Mark-Diebstahl eine »Quittung« in

Höhe von einem Jahr und sechs Monaten Gefängnis aus.

Lebensgefährtin Karla Bremer besucht ihn regelmäßig in der Haft. Beide planen ihre Zukunft. Sie wollen auf eigenen Beinen stehen und mit einem Kleintransportunternehmen viel Geld verdienen. Günter Ulitz zieht nach seiner Entlassung aus dem Gefängnis in die Wohnung seiner Freundin nach Hennigsdorf, die inzwischen schon angefangen hat, eisern für die Anschaffung des Fahrzeugs zu sparen. Doch statt Harmonie und Aufbruchstimmung stört schon bald Streit den häuslichen Frieden. Anders als ihre Mutter wollen sich die zwei Kinder nicht mit dem neuen Mann anfreunden oder diesen gar als »Papa« akzeptieren. Hinzu kommt, dass Ulitz seine bizarre Beziehung zum Alkohol wieder verstärkt pflegt. Die Folgen sind der Verlust des Arbeitsplatzes und das schrumpfende Budget für Haushaltsführung und angestrebtes Unternehmertum.

Es scheint sich dennoch alles zum Guten zu wenden. Ein gemeinsamer Urlaub im Juli 1990 in Ungarn hat die Wogen zwischen den Partnern geglättet. Zurück aus dem Urlaub am Balaton, soll das Gütertransportgeschäft gestartet werden. So jedenfalls haben es Karla und Günter an einem der vielen Strände entlang des knapp zweihundert Kilometer langen Ufers des Plattensees beschlossen.

Es kommt anders.

Am Samstag, dem 4. August 1990, hat Ulitz »sturmfreie Bude«. Karla Bremer ist mit ihren beiden Kindern und zwei Freunden der Sprösslinge zu einem

Ausflug nach Westberlin aufgebrochen. Günter Ulitz hatte den Besuch im »Westen« angeregt. Er wolle ungestört ein paar Handwerkerarbeiten erledigen. Doch statt fleißig zu werkeln, macht er das, was er schon vielfach getan hat. Er stiehlt. Die »geheimnisvolle« Truhe im Flur, die Karla Bremer gehört, hat er schon einige Zeit im Auge und im Sinn. Die Truhe ist für ihn erstens längst kein Geheimnis mehr, und zweitens ist das Knacken des Schlosses für einen erfahrenen Dieb wie ihn kein Hindernis. Er weiß, dass die Lebensgefährtin darin die Ersparnisse für den Unternehmensstart aufbewahrt. Es sind mindestens 2.400 D-Mark. Diese Summe gibt Ulitz später zu. Karla spricht von mindestens 600 Mark mehr. Was er nicht weiß, ist, dass die Lebensgefährtin in der Truhe auch Protokolle aufbewahrt, auf denen sie Handgreiflichkeiten von ihm an den Kindern aufgelistet hat. Das macht ihn wütend. Er nimmt diese »falschen Anzeigen«, wie er die Papiere bewertet, nebst Geld an sich und lässt den Wohnungsschlüssel als Zeichen des Beziehungsendes auf dem Küchentisch zurück. Unternehmungslustig macht er sich per Bahn von Hennigsdorf auf nach Berlin. Natürlich geht es in den Westen, in die für »Ossis« noch immer faszinierende Glitzerwelt von KaDeWe, Restaurants, Bars und freizügigen Mädchen. Er kauft sich eine Reisetasche und eine Armbanduhr für über 200 DM. Kino-, Gaststätten- und Barbesuche verschlingen in einer Nacht 500 Mark.

Im Tiergarten bekommt er in den frühen Morgenstunden die dunklen Seiten des Berliner Nachtlebens zu spüren. Mehrere Männer überfallen ihn. Der »Ossi« wird zusammengeschlagen und ausgeraubt. Er verliert bei der Prügelei vier Zähne. Von dem geraubten Geld überlassen ihm die unbekannten Täter großzügig 60 Mark. Zunächst in einem Westberliner Krankenhaus und dann in der Charité im Ostteil der Stadt darf er sich einen Tag und eine Nacht lang von den Strapazen des Großstadtbesuchs ausruhen.

Mit vier Zähnen weniger im Mund und inzwischen fast ohne Geld in der Tasche erinnert sich Ulitz an seine mittlerweile einundsiebzigjährige Nachbarin Erna Winzer in dem heruntergekommenen Mietshaus in der havelländischen Gemeinde. Die freut sich, den alten Bekannten wiederzusehen. Dass er sie einmal bestohlen hatte, verzeiht sie ihm ohne große Worte. Ihre Freude wird noch größer, als sie von Günter erfährt, dass er mit »der Bremer« Schluss gemacht hat. Sie nimmt ihn mit in ihre Wohnung. Bei dem einen und anderen Gläschen Bier und Schnaps erzählt sie ihm, dass sie einen vierzig Jahre jüngeren Verlobten hat und demnächst die Hochzeit gefeiert wird. Sie bietet Günter Ulitz an, über Nacht zu bleiben, weil der Verlobte ohnehin meist nur am Wochenende kommt.

Der Mann lehnt das Angebot ab. Der Müll in der Wohnung hat während seiner Abwesenheit noch zugenommen, und der Gestank ist noch penetranter geworden. Auf ein »Schäferstündchen« mit der alten Frau ist er ohnehin nicht aus. Vielmehr zieht ihn die Hoffnung auf eine Verbesserung seiner finanziellen Lage zu der Rentnerin. In seiner Hosentasche klimpern nämlich nur noch ein paar Münzen Kleingeld. Ulitz verlässt die alte Dame und nächtigt auf dem Bahnhof in Velten.

Am nächsten Tag trifft sich das skurrile Paar wieder in der Wohnung von Erna Winzer. Ein paar Schnäpse machen den Aufenthalt im Wohnzimmer erträglich. Günter Ulitz lässt sich sogar zu einer Nacht im Schlafzimmer der Seniorin überreden. Sie liegt im Bett, er sitzt im Sessel am Ofen.

Den nächsten Tag, es ist der 8. August 1990, verbringen die beiden getrennt. Erna besucht eine Bekannte in Velten und erledigt Einkäufe. Sie gibt Günter fünf Mark, die er in der Bahnhofsgaststätte verprasst. Natürlich nicht mit einem Essen, sondern mit Alkohol.

Am Abend finden beide wieder zusammen. Bei Bier und Schnaps, wen wundert es, bestimmt Erna Winzer das Gesprächsthema. Das besteht überwiegend aus Tiraden gegen die »Widersacherin« Karla Bremer. Bei Günter, der sich trotz der Trennung noch immer zur Ex-Partnerin hingezogen fühlt, nimmt der Ärger darüber zu. Er erträgt die Beschimpfungen nur schwer. Doch er will Erna Winzer nicht verprellen. Er braucht sie noch, oder, ehrlicher gesagt, er will ihr Rentengeld.

Es geht auf die zweite gemeinsame Nacht im Schlafzimmer von Erna Winzer zu. Günter ist ausgestattet mit einem Sessel und einem Tisch. Darauf steht seine Reisetasche, die er in Berlin gekauft hatte. Von dem wenigen, was da drin ist, sticht ein Fahrtenmesser heraus. Erna Winzer hat ihr Portemonnaie auf dem Tisch abgelegt.

Das in dem Raum befindliche Bett ist eine instabile Angelegenheit; sein Gestell wird von allen Seiten mit Kalksandsteinen abgestützt. Gegen 22 Uhr haben der anstrengende Tag und die zwischen ihr und ihrem ehemaligen jungen Nachbarn kreisende Schnapsflasche die Rentnerin müde gemacht. Die Frau zieht sich bis auf Unterrock, Büstenhalter und Schlüpfer aus und streckt sich, auf dem Rücken liegend, in ihrer wackeligen Schlafstatt aus. Dabei verunglimpft sie ohne Unterlass Karla Bremer als ein Flittchen, das nur dazu tauge, die »Beine breitzumachen«.

In Günter Ulitz reift der Entschluss, die bizarre Beziehung mit der alten Dame für immer aufzulösen. »Die Erna ist ein Tier, die bringe ich irgendwann mal um«, hatte er im Ungarn-Urlaub einmal gegenüber Karla Bremer geäußert.

Jetzt, im Schlafzimmer, wird es geschehen. Der Mann, der die grässlichen Beschimpfungen gegen seine Ex-Lebenspartnerin durch die Erna Winzer über eine lange Zeit mit großer Beherrschung ertragen hat, ergreift einen der herumliegenden Kalksandsteine und schlägt damit der ahnungslos im Bett liegenden Frau mehrfach auf den Kopf. Als die Betagte trotz der Wucht der Schläge noch immer röchelt, beschließt er, den Tod des Opfers zu beschleunigen. Er legt den Stein auf seinen ursprünglichen Platz am Bettgestell zurück. Dann zieht er dem bereits bewusstlosen Opfer die Bettdecke über den Kopf, um dessen Anblick nicht weiter ertragen zu müssen. Der Täter holt das in Berlin erworbene Fahrtenmesser aus der Reisetasche und sticht durch die Bettdecke hindurch mehrfach auf die Brust seines Opfers ein. Einer der Stiche durchdringt das Brustbein. Vier weitere Stiche treffen ins Herz, drei davon sind tödlich. Ulitz reinigt sorgfältig die Klinge des Fahrtenmessers vom Blut, steckt es ein und nimmt sich vom Tisch die Geldbörse der Toten. In der stecken 120 Mark. Dann verlässt er die Wohnung. Beim Gang über den Hof nimmt er von einer Wäscheleine eine Cordhose mit. Sie gefällt ihm, und sie passt. Beim Blick nach hinten sieht er noch Licht in der Wohnung der Toten. Er geht zurück, schaltet es aus, schließt die Wohnungstür ab und begibt sich zum Bahnhof nach Velten. Auf dem Weg dorthin wirft er den Wohnungsschlüssel achtlos in die Büsche.

Von Velten aus fährt er mit dem Zug über Berlin nach Dresden und hält sich dort einige Tage auf. Er schreibt Karla Bremer einen Brief. Ausgerechnet auf der Rückseite des Papiers, auf dem seine Misshandlungen der Kinder wie für eine Anzeige bei der Polizei aufgelistet sind, kritzelt er, dass er Karla immer noch liebt. Er entschuldigt sich bei ihr und bittet um eine Aussprache. Als er am 15. August 1990 deshalb an der Wohnungstür von Karla Bremer klingelt, wird er von der Polizei verhaftet.

Der 1. Strafsenat des Bezirksgerichts Potsdam verhandelt Ende Oktober 1991 die Anklage der Staatsanwaltschaft gegen Günter Ulitz wegen Mordes. Dass er Erna Winzer getötet hat, gibt der Angeklagte wie schon im Ermittlungsverfahren auch in der Hauptverhandlung zu. Dass er seine einstige Nachbarin umgebracht hat, um an ihre Rente zu kommen, bestreitet er. Der Angeklagte nennt nun ein sexuelles Verlangen der Rentnerin als Auslöser der Tat. Demnach hat die einundsiebzigjährige Frau versucht, ihn handgreiflich im wahrsten Sinne des Wortes zum Geschlechtsverkehr zu nötigen. Gegen seinen Willen habe sie den Reißverschluss seiner Jeanshose herabgezogen, ihm ans Geschlechtsteil gefasst und versucht, ihn mit festem Griff an seiner Männlichkeit in ihr Bett zu zerren. Von Schmerzen gepeinigt habe er rotgesehen und sie mit dem Stein erschlagen.

Die Richter werten diese Darstellung des Geschehens als Schutzbehauptung. Motiv der Tat seien die Verärgerung über die rüden Beschimpfungen der einstigen Lebenspartnerin durch Erna Winzer gewesen und das Bestreben, seine leere Kasse durch die Rente der Geschädigten aufzufüllen.

Das Gericht verurteilt den Angeklagten, den Mann mit den vielen bizarren Beziehungen, zu einer lebenslangen Freiheitsstrafe.

Ein halbes Jahr später hebt der Bundesgerichtshof auf Revision des Angeklagten das Urteil auf und verweist den Mordfall an einen anderen Strafsenat des Bezirksgerichts zurück. Die Richter des Bundesgerichtshofs monieren, dass im ersten Prozess nicht ausreichend aufgeklärt wurde, ob der Angeklagte, der den ganzen Tag über und am Abend Alkohol getrunken hatte, bei der Tat voll zurechnungsfähig gewesen war.

Der 2. Strafsenat des Potsdamer Gerichts kommt bei einer Neuverhandlung im Oktober 1992 zu der

Erkenntnis, dass bei Günter Ulitz die Schuldfähigkeit erheblich beeinträchtigt war. Die Richter nennen als Begründung dafür die Blutalkoholkonzentration von 2,0 Promille des Angeklagten im Zusammenwirken mit der für ihn ausweglosen Situation nach der Trennung von seiner Lebensgefährtin und die ständigen Beschimpfungen seiner Ex-Freundin durch das spätere Opfer.

Ulitz wird zu einer Freiheitsstrafe von vierzehn Jahren verurteilt.

Im Dezember 2002 öffnen sich für ihn die Gefängnistore. Die Reststrafe wird zur Bewährung ausgesetzt.

Das Feuerdrama von Cottbus

Es ist die Hölle. Ein Inferno. Ein grausames Geschehen. Ein Feuerdrama. Zwei Menschen sind tot. Sie sind erstickt und verbrannt.

Als die Feuerwehr am 18. November 2000 zur Bekämpfung eines Wohnungsbrands in Cottbus ausrückt, kann noch niemand das Schreckliche erahnen, das sich in einer Parterrewohnung in einem Mehrfamilienhaus nahe der Spree, die durch die Lausitzer Stadt fließt, abgespielt hat.

Ein Funke hatte genügt, und nichts war mehr wie noch vor wenigen Stunden. Als die Feuerwehr und später die Polizei nach der Ursache des verheerenden Brandes suchen, ist schnell klar, dass das Feuerdrama im Flur der Wohnung ausgebrochen ist. Verrußte Zimmertüren, verkohlte Türrahmen, ein großer Brandfleck auf dem textilen Bodenbelag im Korridor und noch immer der Geruch von Benzin schließen einen technischen Defekt, welcher Art auch immer, als Brandursache aus. Alles deutet auf Brandstiftung hin. Erst recht, als in der Nähe der Küchentür ein Benzinkanister sichergestellt wird. Aus dem fehlt, von einer normalen Füllmenge ausgehend, etwa ein Liter eines Kraftstoffgemisches. Es ist kein Benzin, wie es in Deutschland handelsüblich ist, sondern im benachbarten Polen an Tankstellen verkauft wird. Spuren deuten darauf hin, dass der Kraftstoff auf dem Teppichboden im Flur verschüttet wurde. Es habe ein Funke genügt, um das Luft-Gas-Gemisch explosionsartig zu entzünden, ist sich ein Brandsachverständiger sicher.

Das Feuer in der Cottbuser Wohnung hat zwei Frauen, achtunddreißig und siebenundvierzig Jahre alt, das Leben gekostet. Ein dreizehnjähriges Mädchen konnte sich durch einen Sprung aus dem Fenster retten. Gregor Runge, der neunundvierzig Jahre alte Wohnungsinhaber, ist leicht verletzt.

Ein mit Benzin gefüllter Kanister im Flur einer Wohnung? War es purer Leichtsinn, ihn dort abzustellen? Entwickelte sich daraus ein tragisches Unglück? Ist die Feuerhölle von Cottbus mit Absicht entfacht worden? Sollten die beiden Frauen und das Mädchen sterben? Der Verdacht eines Mordes bekommt Nahrung, als Gregor Runge, auf der Krankentrage liegend, einem Polizeibeamten, offensichtlich unter Schock stehend, beichtet: »Ich war es. Ich wollte das alles nicht.« Später widerruft er diese Selbstbezichtigung.

Staatsanwaltschaft und Kripo ermitteln. Sie glauben den Aussagen von Gregor Runge zu dem Feuerdrama nicht. Der neunundvierzigjährige Mann wird verhaftet. Vor dem Haftrichter wiederholt er die Aussage: »Ich war's …« Die Richterin erlässt Haftbefehl. Ihm werden der Doppelmord an den beiden Frauen und der versuchte Mord an einem Kind, schwere Brandstiftung und Brandstiftung mit Todesfolge vorgeworfen.

Nichts deutet an diesem Samstag im November 2000 auf ein derartiges Drama hin. Der Tag beginnt ausgesprochen harmonisch. Gregor Runge, ein stattlicher Mann mit dunklen Haaren, die zu einem Pferdeschwanz zusammengebunden sind, ist geschieden. Er hat eine dreizehn Jahre alte Tochter sowie einen siebzehn Jahre alten Sohn aus erster Ehe und eine neue Lebenspartnerin, die ebenfalls Mutter eines Mädchens ist. Das neue Paar führt seit 1997 einen gemeinsamen Haushalt in der Mietwohnung von Gregor Runge. Das in den 1950er Jahren erbaute Gebäude hat in der DDR stark gelitten. Im Wohnungsbauprogramm der Partei hatten neue Plattenbauten oberste Priorität. Die Modernisierung alter Gebäude fristete dagegen ein trauriges Dasein. Gelegen aber ist das Mehrfamilienhaus günstig in einem bevorzugten Cottbuser Stadtteil. Bis zur Spree ist es ein Katzensprung, das »Stadion der Freundschaft«, in dem der FC Energie Cottbus Fußball spielt, ist auf Hörweite, und das Stadtzentrum von Cottbus ist zu Fuß in wenigen Minuten erreichbar. Runges Sohn lebt bei seiner Mutter, die wie ihr Ex-Mann ebenfalls eine neue Partnerschaft hat. Das Mädchen wohnt seit einiger Zeit bei ihrem Vater, der Stiefmutter und deren Tochter. Die Kinder sind etwa im gleichen Alter.

Trotz der Trennung ist das Verhältnis von Runge zu seiner Ex-Gattin freundschaftlich. Die beiden Frauen verstehen sich untereinander ebenfalls gut. Das Trio der Erwachsenen nutzt nach Angaben des Tatverdächtigen den Samstagvormittag, um aus dem Bungalow der geschiedenen Frau verschiedene Sachen und Gegenstände zu holen. An einer Tankstelle wird haltgemacht. Allerdings nicht, um Benzin in den Tank des Autos zu füllen, sondern um Alkohol zu ordern. Nach getaner Arbeit soll daheim ein wenig gefeiert werden.

Das haben aber nicht nur die Erwachsenen vor, sondern auch die Töchter von Runge und seiner Lebensgefährtin. Sie wollen in der elterlichen Wohnung den Geburtstag einer Freundin ausrichten. Das soll ihr Geschenk für das Geburtstagskind sein. Die Erwachsenen sind nicht gerade begeistert von der Idee. Trotz eines zuvor ausgesprochenen Verbots der Fete lässt sich Gregor Runge dann doch erweichen. Er hilft den Mädchen sogar bei der Vorbereitung. Warum auch soll die Feier nicht im Haus stattfinden? Platz ist genug. Nach und nach nämlich sind die Mieter aus den Wohnungen in dem dreigeschossigen Haus ausgezogen. Anderswo lässt es sich inzwischen komfortabler wohnen. Zudem sind Arbeitsplätze in der Lausitzer Kohleregion knapper geworden. Die Einwohnerzahl ist im Sturzflug.

Die Mädchen können das Familienoberhaupt auf ihre Seite ziehen, zumal einige ihrer Freundinnen bereits in der Wohnung sind. Welcher Papa kann dem Bitten und Betteln schon widerstehen. Die Geburtstagsfeier soll auf dem Dachboden des Hauses stattfinden. Gregor Runge bringt Lichterketten an, schafft ein Radio heran, schleppt Sitzgelegenheiten aus dem Keller unters Dach und stellt Getränke und Becher bereit. Während die Töchter ihn herzen, empfinden die Mütter der Mädchen seine Nachgiebigkeit als inkonsequent und als falsche Kindererziehung.

Um dem Trubel zu entgehen, entschließen sich die

Erwachsenen am Nachmittag, in einer Gaststätte ein paar Drinks zu sich zu nehmen und damit den aufkommenden Ärger zu bekämpfen.

Unterdessen ist der Kindergeburtstag ohne Aufsicht von Erwachsenen aus dem Ruder gelaufen. Lärm aus dem Haus hatte Anwohner aufgeschreckt, zumal zu den Feten-Getränken wohl nicht nur Saft und Limo gehörten, sondern allem Anschein nach auch Hochprozentiges. Die Polizei rückte an und löste die jugendliche Partygesellschaft auf.

Nicht nur Anwohner waren aufgeschreckt. Auch in der Runge-Wohnung hat die Fete Spuren hinterlassen. Neben dem allgemeinen Chaos weist der Bodenbelag im Flur zum Ärger von Runge eine ganze Reihe von Schmutzflecken auf.

Die Gäste der Kinderparty haben nach dem Polizeieinsatz die Wohnung verlassen. Während die Tochter von Runge sich mit aus dem Staub gemacht hat, bleibt die Stieftochter daheim und verzieht sich in ihr Mädchenzimmer.

Ruhe ist eingezogen. Diese aber ist nur von kurzer Dauer. Gregor Runge und die beiden Frauen an seiner Seite bekommen sich in die Haare. Die Diskussionen um Schuld und Nichtschuld am Krach der Kinderparty werden im Laufe des Abends immer kontroverser und lauter geführt. Das Hämmern von Musik, die Gregor Runge auf mehr als Zimmerlautstärke aufgedreht hat, befeuert den Zank zusätzlich. Der nicht unbeträchtliche Genuss von Alkohol im Verlauf des Tages trägt zudem dazu bei, die Streitlust des Trios, vor allem die der Frauen, noch zu verstärken.

Am späten Abend platzt dem Hausherrn schließlich der Kragen. Er jagt die beiden Damen aus dem Wohnzimmer. »Seht zu, dass ihr die Flecken im Korridor aus der Auslegware bekommt, wenn euch langweilig ist. Da habt ihr genug zu tun«, wettert er. Kaum sind diese verschwunden, macht er es sich im Sessel bequem, stellt die Musik leiser und gönnt sich ein Nickerchen.

Eine gute Viertelstunde vor Mitternacht reißt ihn Geschrei aus dem Korridor aus dem Schlummer. Er rennt in den Flur. Dort steht seine Lebensgefährtin. Sie brennt lichterloh. Runge versucht, mit Hilfe von Decken die Flammen zu ersticken. »Ich konnte sie nicht löschen. Dann hat es mich umgehauen«, wird er später sagen. »Ich bin kurz bewusstlos geworden.« Die Feuerwehrleute und die Ärzte im Krankenhaus können das Leben der Frau nicht retten. Achtzig Prozent ihrer Haut sind verkohlt. Zwanzig Stunden später verstirbt sie infolge der großflächigen Brandverletzungen.

Die Ex-Gattin von Runge flüchtet vor den Flammen ins Badezimmer. Sie hofft, in der Badewanne zu überleben. Rauch dringt durch die Türritzen. Der ist so dick, dass ein Feuerwehrmann die Frau in der Badewanne übersieht. Sie erstickt. Das Drama fordert ein weiteres Opfer.

Einzig die Tochter der Lebensgefährtin überlebt. Die hatte von dem Brand zunächst nichts mitbekommen. Ein Knall hatte sie aus dem Schlaf gerissen. Als sie die Zimmertür öffnet, huscht ihre Katze aus der Wohnstube zu ihr herein. Im Nu macht sich auch in diesem Raum stickiger Qualm breit. Das Mädchen schließt geistesgegenwärtig die Tür, öffnet das Fenster und ruft um Hilfe. Eine Gruppe Jugendlicher, die von einer Geburtstagsfeier kommend durch Feuerwehrsirenen angelockt worden war, eilt herbei. Auch eine Mitarbeiterin einer Sicherheitsfirma, die auf dem Heimweg ist, kommt zur Hilfe. »Zieh dir etwas an, und dann spring aus dem Fenster«, rufen die Helfer dem Kind zu. Das Mädchen zögert. Es hat Angst um seine Eltern, die noch in der Wohnung sind. Und es fürchtet sich vor dem Sprung. Die knapp zwei Meter Höhe vom Fensterbrett zur Straße erscheinen ihm gewaltig. Ihm bleibt keine Wahl. Es springt. Einer der Jugendlichen fängt es auf und mildert den Sturz.

Im September 2001 beginnt vor dem Landgericht Cottbus der Prozess gegen Gregor Runge. Die Staatsanwaltschaft klagt ihn wegen zweifachen Mordes an den beiden Frauen und versuchten Mordes an dem Mädchen an. Nach Überzeugung der Ermittlungsbehörde hat Runge in der Tatnacht den Benzinkanister aus dem Keller geholt, Benzin im Flur ausgeschüttet und es angezündet. Der Streit mit den beiden Frauen, die ihm für den Krach bei der Kinderfete und den Polizeieinsatz die Schuld gegeben hatten, und die von ihm aufgedrehte Musikbox sollen der Anlass für die furchtbare Tat gewesen sein. »Der Tod war ihm gleichgültig«, heißt es dazu in der Anklage. Der Staatsanwalt spricht sogar von »besonderer Schwere der Schuld«.

Damit wäre im Falle der Verurteilung zu einer lebenslangen Freiheitsstrafe eine Aussetzung der Haft auf Bewährung nach Ablauf von fünfzehn Jahren ein Riegel vorgeschoben.

Gregor Runge bestreitet von Prozessbeginn an die Tat. »Ich war das nicht. Ich habe das nicht angebrannt«, beteuert er und verbirgt dabei das bärtige Gesicht hinter seinen Händen. Das heftige Schluchzen, als der grausame Tod der beiden Frauen in der Anklageschrift geschildert wird, kann er nicht unterdrücken.

Der Verteidiger von Gregor Runge, Rechtsanwalt Hartmut Sinapius (Realname), ist gänzlich anderer Meinung als die Staatsanwaltschaft. Den heftigen Gefühlsausbruch seines Mandanten wertet er als emotionalen Beweis, dass der Angeklagte »nicht der kaltblütige, brutale Mörder« ist, als der er hingestellt wird. »Es ist ein schwieriger Fall«, räumt Sinapius ein. Dann fügt er gleich am ersten Prozesstag selbstbewusst hinzu: »Wir peilen einen Freispruch an.«

Die Suche nach der Wahrheit geht über viele Monate. Nach und nach beginnt die Anklage, zu bröckeln. Gerichtsmediziner und Brandsachverständige räumen ein, dass die Angaben des Angeklagten zutreffend sein könnten. Runge hat wieder und immer wieder versichert, dass er den Benzinkanister nicht aus dem Keller geholt hat.

Haben die Frauen kurz vor Mitternacht den Korridorbelag mit Benzin reinigen wollen? Haben sie den Kanister in die Wohnung geschleppt, oder war er schon dort abgestellt? War er umgekippt und ist deshalb Benzin ausgelaufen? Ist er von einer anderen Person absichtlich ausgeschüttet worden?

Was war die Zündquelle? Eine glimmende Zigarette? Heruntergefallene Glut? War die Zündquelle ein Streichholz oder eines der vielen Feuerzeuge, die im Flur und in nahezu allen Räumen griffbereit herumlagen?

Diese und noch mehr offene Fragen kann der Gutachter des Landeskriminalamts nicht beantworten. Auch Runges angebliche Äußerung gegenüber einem Polizeibeamten, wonach er auf der Krankentrage seine Schuld an dem Feuerdrama gestanden hat, hält der gerichtlichen Beweisaufnahme nicht stand.

Die Staatsanwaltschaft rückt im Verlauf des Prozesses vom Vorwurf des Doppelmords aus Grausamkeit und niederen Beweggründen ab. Dennoch habe der Angeklagte schwere Schuld auf sich geladen. Er habe das Benzin in der Wohnung angezündet, um den Frauen einen Denkzettel zu verpassen. Für diese Brandstiftung mit Todesfolge beantragt der Staatsanwalt eine lebenslängliche Freiheitsstrafe. Der Angeklagte mochte die Folgen des Brandes unterschätzt haben. Auf den glücklichen Ausgang bei »einem solch gefährlichen Tun« habe er nicht hoffen dürfen, begründet der Ankläger das geforderte Strafmaß.

Verteidiger Hartmut Sinapius bleibt im Ergebnis der über Monate andauernden Beweisaufnahme bei seiner Einschätzung, die er schon zu Prozessbeginn bekundet hatte. »Es gibt nicht einen einzigen Beweis für die zweifelsfreie Schuld meines Mandanten an dem tragischen Unfall«, begründet er seine Forderung nach Freispruch. Bestärkt wird er in seiner Auffassung zudem, weil im Plädoyer der Staatsanwaltschaft häufig Worte wie »vermutlich«, »möglicherweise«, »mit großer Wahrscheinlichkeit«, »irgendwo« oder »das liegt nur im Wissen des Angeklagten« gefallen sind.

Im März 2002 wird der Angeklagte von der Schwurgerichtskammer des Landgerichts Cottbus in allen Punkten freigesprochen. Er hätte bei einer vorsätzlichen Tat nicht nur die Frauen, sondern auch sich selbst und seine Tochter in akute Lebensgefahr gebracht. Er wusste aus seiner beruflichen Erfahrung in Autowerkstätten von den Gefahren im Zusammenhang mit Benzin und offenem Feuer auch für sein eigenes Leben. Das ist ein Grund von vielen Gründen für die massiven Zweifel der Richter an der Schuld von Gregor Runge an dem Cottbuser Feuerdrama in der Novembernacht des Jahres 2000.

Nach achtzehn Monaten Untersuchungshaft verlässt der Angeklagte als freier Mann das Gerichtsgebäude. Eine Entschädigung für die Untersuchungshaft spricht ihm das Gericht nicht zu. Er habe durch die Aussagen vor Polizeibeamten und den Haftrichtern grob fahrlässig einen Tatverdacht auf sich gelenkt. So habe er auf die Frage der Richterin, ob der Sohn über den Erlass des Haftbefehls informiert werden soll, geantwortet: »Ich habe ja seine Mutter auf dem Gewissen. Doch er soll informiert werden.« Auch mit Bemerkungen wie: »Jetzt habe ich aber Scheiße/Mist gemacht …«, oder die Frage: »Bin ich jetzt ein Mörder?«, hätte er sich selbst schwer belastet.

Rechtskräftig ist der Freispruch des Landgerichts Cottbus vom 26. März 2002 damit allerdings noch nicht. Die Cottbuser Staatsanwaltschaft reicht über den Generalbundesanwalt beim Bundesgerichtshof Revision gegen das Urteil ein. Die Richter nehmen sich viel Zeit für die Überprüfung des Falles. Achtzehn Monate später bestätigt der 5. Strafsenat des Bundesgerichtshofs das Cottbuser Urteil. Für das tödliche Feuerdrama habe es viele andere Ursachen geben können, heißt es in der höchstrichterlichen Entscheidung.

Tödliche Verführung

24. April 1986, 7.45 Uhr. In einer kleinen Gemeinde im Kreis Wittstock schreckt die Sirene die Einwohner auf und alarmiert die Freiwillige Feuerwehr des Ortes. Aus einer Wohnung in einem Mehrfamilienhaus dringt Qualm durch die Fenster. Die Feuerwehrleute stürmen in die Wohnung. Das Schlafzimmer ist voller Qualm. Als das Fenster geöffnet wird, bekommen die Funken Nahrung. Flammen machen sich breit. Der Strahl aus dem Feuerwehrschlauch setzt den Raum unter Wasser. Das Feuer ist gelöscht. Dann der grauenvolle Fund. Auf dem Sofa liegt die Leiche einer Frau. Sie ist teilweise unbekleidet. Eine Strumpfhose ist mehrfach um ihren Hals gewickelt und fest verknotet. Die Haut im Gesicht und an der Schulter ist aufgeplatzt. Die Art der Wunden deutet auf Faustschläge oder andere stumpfe Gewalt hin. Die Beine der Toten sind abgespreizt. Unterblutungen an der Innenseite des rechten Oberschenkels lassen auf gewaltsame Manipulationen schließen.

Zwei Tage zuvor, 22. April 1986, nachmittags. Nach seiner Arbeit als Tierpfleger in der örtlichen Landwirtschaftlichen Produktionsgenossenschaft hat es Winfried Jäger eilig. Der vierundzwanzig Jahre alte Mann zieht sich frische Kleidung an und macht sich auf den Weg nach Wittstock zu seiner Ehefrau. Seit drei Jahren ist das Paar verheiratet, und nun ist er Vater geworden. Wieder einmal. Es ist schon das dritte gemeinsame Kind der Eheleute. Zur Familie gehört ein weiteres, unehelich geborenes Kind seiner Gattin. Mit nun vier Sprösslingen im Haushalt wird das Leben sicher nicht leichter. Den Stolz auf den Familienzuwachs schmälert das nicht.

Der Besuch in der Klinik ist kurz. Nach der Rückkehr aus dem Krankenhaus hat der Vater die Kinder versorgt, sie ins Bett gebracht, Arbeiten im Haushalt erledigt und sich zeitig schlafen gelegt. Schließlich klingelt am nächsten Tag der Wecker bereits früh am Morgen. Die Tiere wollen versorgt sein. Winfried Jäger ist ein umsichtiger und zuverlässiger Familienvater und Bauer. Deshalb hat er die Geburt seines Kindes an diesem Tag nicht gefeiert.

23. April 1986. Die Feier wird am nächsten Tag mit dem Schwager in der Dorfgaststätte nachgeholt. Eigentlich macht sich Jäger nicht viel aus Alkohol. Wenn überhaupt, dann trinkt er Bier. Schnaps schmeckt ihm nicht sonderlich. Die »Pullerparty« mit dem Schwager und einem Bekannten, die beide im Nachbarhaus wohnen, dauert nicht lange. Nach zwei Stunden, fünf Gläsern Bier, einigen Gläschen Magenbitter und Klarem ist die Neugeborenen-Willkommensfeier beendet. Winfried ist angetrunken, aber nicht betrunken. Er schaut nach den Kindern, wobei er über die Ehe nachdenkt. Eine himmelsstürmende Liebe, so gesteht er sich ein, war es von Anfang an nicht. Er hat akzeptiert, dass die Frau »Herr« im Hause ist. Sie ist schlau,

ihm überlegen und bestimmt, in welche Richtung es geht. Sexuell hat es zunächst geklappt. Mit Beginn jeder der drei Schwangerschaften hat sich das geändert. Sein intimes Begehren bleibt monatelang ohne Befriedigung. »Ich will nicht. Das ekelt mich an.« Mehr als einmal hat er das gehört. Zur Ablenkung hat er sich in die Arbeit gestürzt und sich oft mit einer Kollegin zum Quatschen getroffen. Fremdgegangen ist er nicht. Geglaubt hat ihm das seine Frau nie. Vorhaltungen und Misstrauen belasten die Ehe. Eigentlich ist das dritte Baby eher Zufall als Wunsch, entstanden nach der wieder einmal vergessenen Pille der Angetrauten.

In Gedanken versunken macht sich Winfried Jäger bettfertig, als es an der Wohnungstür klingelt. Nachbarin Katja steht vor der Tür. »Glückwunsch, Papa«, sagt sie und umarmt den Mann. Die Nachbarsfamilien verstehen sich gut, vor allem die beiden Frauen. »Deine Frau hat gesagt, ich soll unbedingt mit dir auf das Kind anstoßen. Komm mit rüber zu mir. Ich habe noch eine angebrochene Flasche Wein«, lockt sie. Winfried verspürt wenig Lust. Der Alkohol hat ihn müde gemacht. Außerdem ist es schon fast 23 Uhr.

Der Mann lässt sich überreden. Wenn es herauskommt, dass er bei der Nachbarin gefeiert hat, wird es die Gerüchteküche weiter anheizen, zumal Katjas Lebensgefährte gerade im Krankenhaus ist. Winfried weiß, dass im Dorf darüber getratscht wird, dass die Nachbarin scharf auf ihn ist. »Eine schöne Figur mit ihren einunddreißig Jahren hat sie ja«, gesteht sich der sieben Jahre jüngere Mann ein. Das ansonsten ungepflegte Äußere der Frau stößt ihn eher ab, als dass es Gedanken der Verführung nährt.

Dass der Glückwunsch zur Geburt des neuen Erdenbürgers und die Einladung zum Gläschen Wein nur Vorwände sind, wird dem Mann schnell dargeboten. Während er in der Küche der Wohnung nach dem Getränk und nach Gläsern sucht, macht sich Katja auf der ausgezogenen Couch im Schlafzimmer empfangsbereit. Sie liegt mit entblößtem Unterkörper in eindeutiger Pose da und lockt mit ihren körperlichen Reizen. Es ist offensichtlich: Sie will den Nachbarn, der ihr immer so abwehrend cool gezeigt hat, dass er nicht interessiert ist, endlich verführen.

Es gelingt. Winfried Jäger kann diesmal nicht widerstehen. Befriedigen kann er die Frau nicht. Seit Monaten ohne Sex kommt es bei ihm sehr schnell zum Orgasmus. Und zur Ernüchterung. Winfried Jäger empfindet vor sich selbst Ekel. Er möchte nur raus aus der Wohnung. »Du Schlappschwanz«, hört er sie höhnen. »Ist deine Frau damit zufrieden?«

Bei Winfried Jäger brennen die Sicherungen durch. Er greift nach einer Brauseflasche, die neben der Liege steht, und schiebt der Frau den Flaschenhals in die Scheide. »Musst du dich eben damit zufrieden geben«, stößt er hervor. Jäger dreht sich um und will das Zimmer verlassen. »Du dummes Schwein«, hört er die Nachbarin schreien. Die Limonadenflasche, die er ihr zuvor in die Vagina eingeführt hatte, trifft ihn an der Schulter. Der Schmerz nach dem Flaschenwurf ist gering, seine Wut umso größer. Mit aller Kraft schleudert er aus zwei Metern Entfernung die Flasche zurück. Sie landet im Gesicht der Frau, die sich inzwischen aufgerichtet hatte. Durch die Wucht des Aufpralls zerbricht das Glas und verursacht mehrere Schnittverletzungen am Kopf und Oberkörper. Die Verwundete schreit laut vor Schmerzen und Empörung, springt auf, kreischt wütend. Sie beugt sich nach vorn und will ihm in die Haare greifen. Mit einem kräftigen Schubser befördert er Katja zurück auf die Liege und kniet sich über sie. Er drückt ihre eine Hand auf den Mund, um die Schreie zu unterdrücken. Mitbewohner des Hauses könnten durch den Krach kurz vor Mitternacht aufgeschreckt werden. Mit der anderen Hand will er die Schläge der Frau parieren. Die wehrt sich mit aller Kraft. Es ist vergeblich. Der Täter greift sich vom Sessel, der neben der Liege in Reichweite steht, eine Strumpfhose und versucht, der Frau die Beinbekleidung als Knebel in den Mund zu stecken. Auch das misslingt. Nun wickelt er die dünne Hose der kreischenden Frau um den Mund. Auch das klappt nicht. Die Hose rutscht vom Gesicht nach unten. Er wickelt seinem Opfer die Strumpfhose mehrfach um den Hals und zieht sie an beiden Enden kräftig zu. Der Mann ist wie von Sinnen. Er lässt auch nicht locker, als kein Laut mehr aus dem Mund der Frau dringt. Der Täter will sichergehen, dass das so bleibt. Als Winfried Jäger merkt, dass die Nachbarin tot ist, versucht er, die Drosselung zu lösen und die Strumpfhose vom Hals zu bekommen. Wieder scheitert er.

Der Mann beginnt, die Spuren der Tat zu verwischen. Nichts soll auf einen Geschlechtsverkehr zwischen Katja und ihm hinweisen. Er zieht dem Opfer den nach oben gerutschten BH und den Pullover nach unten. Mit der Bettdecke beseitigt er Sperma von der Liege sowie aus der Scheide der Frau. Mit seinem Unterhemd wischt er Blut vom Opfer. Beim Verlassen der Wohnung vergisst er jedoch das Hemd.

Hat er alle Spuren beseitigt? Ihm kommen Zweifel. Er will die Aufklärung des Verbrechens erschweren. Der Täter holt aus seinem Auto ein Behältnis mit Spiritus und verspritzt die Flüssigkeit auf der Liege. Dann zündet er das Deckbett an, mit dem er das Opfer zugedeckt hat. Als Flammen zu sehen sind, verlässt er die Wohnung. Es soll aussehen, als habe die Frau im Bett geraucht und sei dabei eingeschlafen.

Mit einem sogenannten »Madenschlüssel« aus seinem Werkzeugkasten sperrt er die Wohnungstür der Nachbarin von außen ab. Es soll den Anschein erwecken, als habe die Frau die Tür von innen verschlossen.

Unruhe erfasst ihn. Gelingt der Plan? Er will sich in der Wohnung über den Fortgang des Brandes informieren. Diesmal klappt es mit dem »Madenschlüssel« allerdings nicht. Er verlässt das Haus und beobachtet die Fenster der Wohnung seines Opfers. Brandgeruch steigt ihm nicht in die Nase. Es gibt auch keine Anzeichen, dass sich das Feuer ausbreitet …

Als die Feuerwehrleute am 24. April 1986 morgens kurz vor 8 Uhr die Wohnungstür gewaltsam öffnen, wabert dicker Qualm durch die ganze Wohnung. Ein

Betreten ist ohne Atemschutzmasken nur für einen Augenblick möglich. Offene Flammen werden nicht bemerkt. Das Feuer lodert auf, als das Fenster des Schlafzimmers geöffnet wird und Sauerstoff eintritt. Die Flammen, die sofort auf Möbel und den Fußboden übergreifen, können mit viel Wasser gelöscht werden.

Gestorben ist Nachbarin Katja durch Erdrosseln mit der Strumpfhose.

Die Ermittlungen der Potsdamer Mordkommission sind zunächst erfolglos. Natürlich gehört Winfried Jäger von Beginn an zum Kreis der Verdächtigen. Bei seinen Befragungen als Zeuge wirkt er unsicher und verstrickt sich in Widersprüche. Knapp drei Wochen nach dem Verbrechen wird er verhaftet und gesteht vor dem Haftrichter die Tat.

Das Bezirksgericht Potsdam verurteilt den Angeklagten wegen Mordes in Tateinheit mit schwerer Brandstiftung und vorsätzlicher Körperverletzung zu einer Freiheitsstrafe von fünfzehn Jahren. Strafmildernd wertet das Gericht die verminderte Schuldfähigkeit des Angeklagten durch das Zusammenwirken von Alkohol und Handeln im Affekt. »In Anbetracht der ansonsten nicht zur Aggression neigenden Persönlichkeit des Angeklagten ist davon auszugehen, dass er in seiner Situation – Herabsetzung seines Selbstwertgefühls im Allgemeinen mit aktuellem Anlass im Besonderen – ein Hassgefühl gegen alles hegte, was mit dem Wesen der Frau in Verbindung steht«, heißt es dazu in der Urteilsbegründung.

Die Strafe von fünfzehn Jahren Freiheitsentzug wird später durch Gnadenerlass auf elf Jahre herabgesetzt.

Leichenfund im Gully

In der Garnison Bad Freienwalde der Sowjetarmee läuft seit ein paar Tagen das Abwasser nicht wie gewünscht ab. Irgendwo muss ein Hindernis den Abfluss erschweren. Innerhalb der Kaserne ist nichts zu finden. Am 15. Februar 1968 wird ein Soldat losgeschickt, der den Kanal außerhalb des Garnisonsgeländes überprüfen soll. Im Freienwalder Forst in der Nähe des Moorbads befindet sich in dem leicht hügligen Gelände auf der Sohle einer Sandkehle ein offener, etwa zwei Meter tiefer Gully. Als der Uniformierte in das Loch blickt, erschaudert er angesichts dessen, was den Fluss des Abwassers behindert. Im Gully steckt ein Mensch. Der Soldat bekommt auf sein Rufen keine Antwort. Die Person im Gully reagiert nicht. Der Gardist hastet in die Kaserne und erstattet Meldung. Ein Aufklärungstrupp mit dem diensthabenden Offizier an der Spitze rückt aus.

Kurze Zeit später ist es Gewissheit. Im Gully steckt eine Leiche. Es ist eine junge Frau. Sie muss nach Überzeugung des Garnisonsarztes schon längere Zeit im Abfluss gelegen haben. Die Leiche wird am Rand der Abwassergrube abgelegt. Soldaten sichern den Fundort ab, bis die Kriminalisten des Volkspolizei-Kreisamts Freiwalde vor Ort sind und mit den Ermittlungen beginnen.

Schnell ist klar: Bei der Leiche handelt es sich um die seit dem 11. Februar 1968 vermisste siebzehn

Jahre alte Isolde Faber. Dass die Jugendliche ermordet wurde, daran gibt es keinen Zweifel. Der Pullover der Toten ist hochgezogen, die Hose vom Gürtel abwärts bis in Höhe der Schamhaare aufgerissen. Um den Hals ist ein zusammengedrehter Stofffetzen geschlungen. Das Gesicht ist verschwollen und schimmert leicht bläulich.

Einen Tag nach dem Leichenfund wird der siebenundzwanzig Jahre alte Harro Sakan auf seiner Arbeitsstelle im Sanatorium Bad Freienwalde verhaftet. Dort ist er als Heizer beschäftigt. Sein Arbeitskollektiv ist mit seiner Leistung zufrieden.

Das ist jedoch das einzig Positive im Lebenslauf des Harro Sakan. Von klein auf lernt das im September 1941 in Jüterbog geborene Kind nur Gewalt und Versagen kennen. Den Eltern und auch der Schwester ist der Sohn und Bruder egal. Liebe, Geborgenheit und Anerkennung gehören nicht zu den Erziehungsmethoden in der Familie. Schläge, vor allem vom Vater, sind schmerzhaft und erzeugen Angst. Mehr als einmal entflieht der Junge dem häuslichen Milieu. Er treibt sich herum und schläft nachts oft im Freien. Auch in der Schule findet er keinen Anschluss zu Gleichaltrigen. Er wird als schwererziehbarer, einsamer Einzelgänger abgestempelt und in Kinderheime gesteckt. Egal wohin der Junge abgeschoben wird, nirgends gelingt es Erzieherinnen oder Erziehern, in das Wesen des störrischen Kindes einzudringen. Mit dem Abschluss der sechsten Klasse wird Harro aus einer Sonderschule entlassen. Er klaut und wird in einen Jugendwerkhof verfrachtet. Dort ist man ebenso machtlos wie in der nächsten Station, einer Heil- und Pflegeanstalt. Schließlich landet der inzwischen neunzehn Jahre alte Harro Sakan im Krankenhaus für Psychiatrie in Waldheim.

Im Oktober 1966 wird die Unterbringung des Patienten Sakan in Waldheim auf richterlichen Beschluss bedingt ausgesetzt. Es ist eine Entscheidung mit tragischen Folgen, die zunächst verborgen bleiben. Einen Monat nach seiner Entlassung aus der Nervenklinik lernt Sakan eine Frau kennen. Ein knappes halbes Jahr später wird geheiratet. Schon nach kurzer Zeit kriselt es in der Ehe. Der Konflikt verschärft sich, als Sakan durch das Kreisgericht Bad Freienwalde wegen Diebstahls zu vier Monaten Gefängnis auf Bewährung verurteilt wird. Danach verstärkt sich bei ihm der Verdacht, seine Ehefrau wolle ihn schnell wieder loswerden. Wie schon in der Kindheit, so bleiben ihm auch als Erwachsenem soziale Gefühle wie Freude, Mitgefühl, Mitleid, Reue oder Gewissensbisse fremd. Eine abnorm-sexuelle Einstellung gegenüber Frauen beherrscht ihn.

Eine Spirale der Gewalt beginnt, sich zu drehen.

Von seinem Heizhaus im Sanatorium beobachtet Harro Sakan schon seit längerer Zeit, dass Frauen ihre Fahrräder stets im Keller des gegenüberliegenden Küchengebäudes abstellen. Im November 1967, draußen ist es schon dunkel, überfällt er eine von ihnen. Als sein Opfer dabei ist, den Dynamo am Fahrrad anzustellen, schleicht er sich von hinten an, umfasst den

Hals der Frau und wirft sie zu Boden. Er will die Frau zum Geschlechtsverkehr zwingen. Er betrachtet sie als sein Eigentum. Die Hilfeschreie des Opfers erstickt er durch kräftiges Würgen. Als er Schritte hört, lässt er von seinem Vorhaben ab und verschwindet unerkannt im Heizhaus. Die Überfallene kommt mit Kratzwunden im Gesicht und Würgemalen am Hals davon. Eine leichte Gehirnerschütterung führt zu Kopfschmerzen. Sie leidet sehr lange darunter.

Das Bedürfnis von Sakan, sich durch Gewalt sexuelle Befriedigung zu verschaffen, wird immer drängender. Im Februar 1968 begibt er sich am frühen Nachmittag in die Nähe des Wasserwerks in Bad Freienwalde. Dort begegnet ihm eine Jugendliche, die mit einem Kinderwagen unterwegs ist. »Komm mal her. Brauchst keine Angst zu haben«, spricht Sakan sie an.

»Hab keine Zeit«, bekommt er zur Antwort. Das Mädchen mit dem Kinderwagen ist gegen 18 Uhr auf dem Rückweg nach Hause. Die Angst vor dem Mann sitzt ihr noch immer in den Gliedern. Sie bittet zwei Freunde, sie ein Stück zu begleiten.

Der mysteriöse Unbekannte ist nicht zu sehen. Bis zur Wohnung der Eltern ist es nicht mehr weit. Kaum haben sich ihre Begleiter verabschiedet und sind außer Sichtweite, tritt hinter einem Baum Harro Sakan hervor. In der Hand hält er einen Stock. Der ist etwa einen Meter lang und fünf Zentimeter dick. Der Täter will den Geschlechtsverkehr erzwingen. Mit Wucht schlägt er dem völlig überraschten Opfer den Knüppel mehrfach auf den Kopf. Die Überfallene versucht, die Schläge abzuwehren. Der Kinderwagen fällt um. Die Schreie des Mädchens und des kleinen Kindes vertreiben den Täter. Erneut kommt er davon. Im Krankenhaus wird beim Opfer eine Schädelprellung mit Bluterguss und Prellungen an beiden Händen diagnostiziert. Ein gutes halbes Jahr später klagt die Jugendliche noch immer über anhaltende Kopfschmerzen.

Zum Sanatorium, in dem Harro Sakan arbeitet, gehört eine Gärtnerei. Er ist mit dafür verantwortlich, dass es in den Gewächshäusern auch außerhalb der normalen Arbeitszeit, also an Samstagen und Sonntagen, ausreichend warm ist für das gute Heranwachsen der Gemüsekulturen.

Am zweiten Wochenende im Februar 1968 hat Harro Sakan wieder einmal Heizdienst. In der Gärtnerei arbeitet auch die siebzehnjährige Isolde Faber. Nach Erledigung der Arbeiten schließt sie das Gewächshaus ab. Es ist üblich, dass der Schlüssel im Heizungskeller an einem Haken an der Tür deponiert wird. Nicht anders ist das am Samstag, dem 10. Februar 1968. Sakan beobachtet Isolde. Ihm gefällt das lebenslustige Mädchen. Den ganzen Tag über geht es ihm nicht aus dem Kopf. Bilder formen sich, wie er die junge Frau zum Geschlechtsverkehr zwingt und dabei seine Befriedigung erfährt. Dass sie mit Sex einverstanden sein könnte, daran glaubt er nicht.

Einen Tag später, am Sonntag, ist er schon früh im Heizhaus. Er weiß, dass Isolde den Schlüssel so gegen 10 Uhr bringen wird. An den Schlüsselhaken am Eingang zum Heizhaus hat er eine Lampe gehängt. Der Haken ist damit blockiert.

Der erste Teil seines Planes geht auf. Für den Schlüssel ist am gewohnten Platz nichts frei. Die Gärtnerin geht ins Heizhaus hinein und legt das Schlüsselbund auf den Tisch. Dort wartet Heizer Sakan auf sie. Auf dem Rückweg versperrt er ihr die Ausgangstür und verwickelt sie in ein unverfängliches Gespräch. Was die Arbeitskollegen über seine Frau und ihn erzählen würden und so, will er wissen. Isolde zuckt mit den Schultern. »Weiß ich doch nicht«, antwortet sie und will zur Tür hinaus. Sakan hält sie auf. Er verlangt von ihr Geschlechtsverkehr. Als die junge Frau ablehnt und ihn zur Seite schieben will, dreht er den Schlüssel im Türschloss um und lässt ihn in seiner Hosentasche verschwinden. »Hab dich nicht so«, zischt er und schiebt die junge Gärtnerin tiefer in das Heizhaus hinein. Als sie laut um Hilfe ruft, bekommt sie einen heftigen Schlag in den Magen. Benommen von dem Faustschlag stolpert sie über einen Gitterrost, fällt hin und schlägt mit dem Kopf auf den Betonfußboden. Sie ist halb bewusstlos, kann sich nicht mehr wehren. »Lass mich doch bitte gehen«, kann Isolde nur noch stammeln.

Den Täter interessiert das nicht. Brutal reißt er ihr den Rock herunter, dann die Arbeitshose, die sie darunter trägt und zerfetzt die Gymnastikhose samt Schlüpfer. Dann folgen Strickjacke, Pullover und Büstenhalter. Er öffnet seine Hose und versucht, sein steifes Glied in die Scheide des Opfers zu schieben. Die

Vagina ist für seinen Penis zu eng. Er lässt dennoch nicht ab. Er spielt mit den nackten Brüsten der Frau und reibt sein erigiertes Glied an den Schamlippen und den Oberschenkeln bis zum Samenerguss. Dann verliert er die Lust. Er steht auf und knöpft in aller Ruhe seinen Hosenschlitz zu.

Nach der Notzucht, wie dieses Verbrechen im Sprachgebrauch des DDR-Strafrechts zu dieser Zeit noch heißt, kommen ihm die Folgen ins Bewusstsein. Er ist überzeugt: »Wenn ich Isolde Faber freilasse, wird sie zur Polizei gehen und mich anzeigen.«

Um das zu verhindern, wird er sie töten. Er kniet sich neben das Opfer. Das liegt noch immer benommen am Boden. Isolde kann sich nicht wehren. Nur klägliches Wimmern kommt ihr über die Lippen. Er würgt sie, drückt mit beiden Händen so zu, dass die Daumen auf dem Kehlkopf liegen und die Finger den Hals umschließen. Der Täter drückt seinem Opfer mit aller Kraft etwa fünf Minuten lang die Luft ab. Das Gesicht verliert immer mehr an Farbe. Als es blass ist, lässt der Täter von der Frau ab.

Isolde Faber ist tot. Sakan schleppt sie in einen Nebenraum und schlingt ihr eine Schnur um den Hals, die er fest verknotet. Er will ganz sicher sein, dass sie ihn nicht verraten kann.

Im Heizungskeller kann er die Tote nicht liegen lassen. Ihm fällt der Gully im nahe gelegenen Wald ein. Den hatte er unlängst beim Holzsammeln entdeckt. Der Mörder wartet, bis es draußen dunkel ist. Dann transportiert er die Ermordete mit einer Sackkarre zum Abflussschacht. Mit dem um den Hals geschlungenen Strick bindet er die Leiche an der Karre fest, damit sie ihm auf dem Weg zum Gully nicht von der Karre rutscht. Am Abflussschacht angekommen, knotet er die Schnur ab und wirft sie achtlos weg. Mit Gras, Laub und Ästen deckt er die Leiche im Gully ab, bis sie nicht mehr zu sehen ist. Den Schlüssel vom Gewächshaus versteckt er im Heizungskeller.

Als am nächsten Tag eine Gärtnerin nach dem Schlüssel fragt, gibt sich der Heizer schuld- und ahnungslos. »Ich habe die Isolde gestern nicht gesehen. Wo der Schlüssel ist, kann ich nicht sagen. Hier jedenfalls nicht.«

Das Bezirksgericht Frankfurt (Oder) verhandelt im August 1968 über den Mord an Isolde Faber. Es benötigt für die Anklageverlesung, die Beweisaufnahme, einschließlich der Zeugenbefragungen, und den Plädoyers von Staatsanwaltschaft und Verteidigung nur zwei Gerichtstermine.

Die Richter verurteilen Harro Sakan wegen Mordes und mehrfach versuchter Notzucht, vorsätzlicher Körperverletzung, in einem Fall in Tateinheit mit gewaltsamer Unzucht, zu einer lebenslangen Freiheitsstrafe.

Die Leiche im Kanalisationsrohr

Christi Himmelfahrt wird, wie vielerorts in Ostdeutschland, alljährlich auch im Spreewald als »Männertag« gefeiert. Manchmal wird er, etwas vornehmer ausgedrückt, auch als »Herrentag« bezeichnet. Vor allem Männer fahren mit Fahrrädern, die mit Birkenzweigen und Blumen an den Lenkern geschmückt sind, durch die Dörfer in der Lausitz. Traditionell wird an dieser oder jener, manchmal auch jeder Gaststätte haltgemacht. Bei den Radler-Pausen rinnt so manches Bier durch die Kehlen der Durstigen. Mittags werden die Mägen mit Eisbein, Haxe, Kassler und Sauerkraut, am Nachmittag mit Lausitzer Plinsen versorgt. Schließlich gehen solche Männertagstouren vom Vormittag an oft über viele Stunden bis spät in den Abend hinein.

Nicht nur die schönen Radwege entlang der Spreewaldfließe sind an diesem »heiligen Tag« von den »Herren der Schöpfung« bevölkert. Auch in Gartenanlagen oder auf Grundstücken an den Ufern der Spreearme wird ausgiebig gefeiert.

Für den zweiundzwanzigjährigen Daniel Teichmann beginnt der Feiertag am 8. Mai 1997 wie jeder andere Tag auch, wenn er zu Hause in seinem Heimatort im Spreewald ist und nicht gerade bei der Bundeswehr seinen Grundwehrdienst ableistet. Er steht wie immer früh auf, so gegen 6.30 Uhr, und beginnt das Tagwerk bei seinen Tieren. Daniel Teichmann ist passionierter Züchter von Tauben. Sogar die Nachbarsfamilie Förster hat er seit einigen Monaten für diese Tiere begeistert. Teichmann ist eher zurückhaltend. Zwischen den Nachbarsfamilien gab es wenig Kontakte. Seit sich Försters für Tauben und ihre Zucht interessieren, sind sich die Familien nähergekommen. Gern werden die fachlichen Ratschläge von Daniel in Anspruch genommen.

An diesem Himmelfahrtstag ist allerdings wenig Zeit fürs Fachsimpeln. Er hat seiner Schwester versprochen, das Bad zu fliesen. Die Schwester wohnt in Lübben. Eine halbe Stunde Fahrzeit mit dem Auto muss man schon einplanen. Als gelernter Maurer mit Erfahrungen bei Baufirmen, in denen er gearbeitet hat, weiß er, dass die Fliesen nicht im Handumdrehen angebracht sind. Er muss sich also sputen.

Denn für den späten Nachmittag hat sich Daniel mit Freunden verabredet. Getränke sind schon am Vortag reichlich besorgt worden. Drei Paletten Bier zu je vierundzwanzig Dosen à 0,5 Liter stehen bereit. Auf dem Weg zum Freund besorgt Daniel noch eine große Flasche Cognac der Marke »Napoleon«. Die ersten Himmelfahrtsgetränke fließen schon in der Wohnung des Freundes in die Kehlen der jungen Männer. Für den Abend ist man bei einer Familie zur Grillparty in deren Garten verabredet. Einige Zeit später, nach fünf großen Büchsen Bier, ein paar Doppelten »Napoleon« sowie Würstchen und Steaks, hat Daniel Teichmann genug. Die Arbeit im schwesterlichen Bad sowie der Alkohol haben ihn müde gemacht. Es ist noch längst nicht Mitternacht, als er sich auf den Heimweg begibt. Er muss ohnehin wieder früh aus den Federn, um die Tauben zu füttern. Außerdem wartet seine Freundin auf ihn. Seine große Liebe studiert in Potsdam an der Universität und wohnt unter der Woche im Studentenwohnheim. Seit drei Jahren sind sie ein Paar. Die Hochzeitspläne sind bereits geschmiedet. Mehr als zweihundert Kilometer Fahrt mit dem Auto, aus der Spreewaldstadt in die brandenburgische Landeshauptstadt und sofort wieder zurück, sind zu bewältigen.

Von der Himmelfahrtsparty daheim angekommen, steht Daniel vor verschlossenen Türen. Zu allem Unglück hat er seinen Hausschlüssel vergessen. Die Eltern sind nach dem Besuch seines Bruders im Krankenhaus wohl noch in einer Gaststätte eingekehrt. In der Hoffnung, dass die Kellertür nicht verschlossen oder, wenn doch, wenigstens ein Fenster nicht verriegelt ist, geht er um das Haus herum.

Auf dem Nachbargrundstück ist Gerda Förster gerade dabei, den Firmentransporter »Ford Transit« startklar zu machen. Sie hat Ehemann Tobias versprochen, ihn aus einem Klub in der Innenstadt abzuholen. Gerda Förster will dem wartenden Daniel die Zeit verkürzen und bietet ihm an: »Komm doch mit. Dann könnt ihr mit Tobias noch ein Bier auf den Männertag trinken. Bis wir zurück sind, sind bestimmt auch deine Eltern daheim.«

Unterwegs bittet Teichmann die Nachbarin, einen kleinen Umweg zu einer Gartenanlage zu fahren. Dort habe der Vater seiner Freundin am westlichen

Rand der Spreewaldstadt in der Nähe vom Schwarzen Weg ein Gartenhäuschen. Bei der Ankunft ist in der Anlage allerdings alles dunkel. Das ist bereits vom unbefestigten Parkplatz aus zu sehen. Dennoch möchte der junge Mann nachschauen, ob der künftige Schwiegervater nicht doch noch in seiner Laube ist. »Dauert nicht lange, und dann fahren wir weiter.«

Auf Gegenliebe stößt der Vorschlag bei Gerda Förster nicht. Sie will weder mit ihm zum Bungalow gehen noch im Auto auf ihn warten. Entschlossen zur Abfahrt, legt die Nachbarin den Rückwärtsgang des Fahrzeugs ein. Daniel Teichmann ist enttäuscht über die Abfuhr.

Eine halbe Stunde nach Mitternacht steht Daniel Teichmann erneut vor dem elterlichen Haus. Als die Mutter auf sein Klingeln öffnet, fährt ihr der Schreck in die Glieder. Der Sohn sieht schlimm aus. Seine Kleidung ist von oben bis unten nass. Er hat keine Schuhe an den Füßen und zittert wohl nicht nur wegen des Alkohols am ganzen Leib. »Wie siehst du denn aus? Was ist passiert?«

»Ich bin in der Berliner Straße überfallen und beraubt worden«, bekommt die Mutter zur Antwort. »Ich gehe morgen zur Polizei«, sagt der Sohn noch. Im Bad säubert er seine Jeanshose, auf der Blutflecken zu erkennen sind. Dann verschwindet er in seinem Zimmer.

Daniel Teichmann steht nach wenigen Stunden des Herumwälzens im Bett schon morgens um 6 Uhr mit einem leichten Kater in Kopf und Magen auf. Die Tauben müssen allerdings diesmal auf ihr Futter warten.

Teichmann macht sich auf die Suche nach den abhandengekommenen Schuhen. Zur Berliner Straße, dem Ort des Überfalls, geht er jedoch nicht. Ihn zieht es in die Nähe jenes Platzes, an dem es zum nächtlichen Streit mit der Nachbarin Gerda Förster gekommen war. Der Kleintransporter von Försters steht noch da. Er ist festgefahren, abgesackt im weichen Feld unweit vom »Mühlenfließ«, einem der vielen natürlichen und künstlichen Wasserläufe, die den Spreewald prägen. In der Nähe des Autos findet er seine Schuhe.

Er ist erleichtert. Das Glücksgefühl, die teuren Sportschuhe wiederzuhaben, ist nur von kurzer Dauer. Zu Hause bemerkt er das Fehlen seiner Brieftasche. In der steckt neben dem Geld auch der Personalausweis. Die Suche in der Wohnung nach dem wertvollen Stück ist erfolglos. Er hastet zurück in Richtung Gartenanlage. Dort angekommen, trifft er auf rote Absperrbänder und auf Polizisten, die das Terrain rund um den versackten Transporter sichern. Tobias Förster hatte am Männertag im Klub in der Innenstadt vergeblich auf seine Frau gewartet. Dabei muss sie mit dem Transporter losgefahren sein. Von der Party zu Hause eingetroffen, fehlen sowohl die Gattin als auch das Fahrzeug. Voller Angst um den Verbleib seiner Frau, die sonst immer zuverlässig ist, verständigt er die Polizei. Es beginnt die Suche nach der Vermissten. Stunden später wird der »Ford Transit« gefunden. Das Auto steht, festgefahren am Feldweg, in der Nähe vom »Mühlenfließ«. Von Gerda Förster aber fehlt jede Spur.

Daniel Teichmann kann den Polizisten sein Auftauchen am »Mühlenfließ« plausibel erklären. Er sei am »Männertag« auf dem Heimweg von einer Feier von Jugendlichen überfallen und bestohlen worden. Er möchte deshalb Anzeige erstatten. Seine Schuhe habe er hier schon gefunden. Nun suche er noch seine Brieftasche.

Der junge Mann wird an die Polizeiwache in Calau verwiesen. Dort erscheint er auch und schildert sehr überzeugend den nächtlichen Raubüberfall. Teichmann unterschreibt die Anzeige. Nach dem Verlassen des Polizeigebäudes fährt er nach Potsdam, um seine Freundin abzuholen. Mit ihr fährt er zurück in die Gartenanlage im Spreewald zu seinen künftigen Schwiegereltern. Bei der Ankunft des jungen Paares am Nachmittag des 9. Mai 1997 wird Daniel Teichmann verhaftet. Die Polizei hat ihn dort schon erwartet. Inzwischen war Gerda Förster tot aufgefunden worden. Die nackte Leiche steckte in einem teilweise mit Wasser gefüllten Kanalisationsrohr. Am Fundort wurde auch eine Brieftasche mit dem Personalausweis von Daniel Teichmann sichergestellt.

Daniel Teichmann wird zur Vernehmung zur Polizeiwache nach Calau gebracht.

Er leugnet zu Beginn der Befragungen jede Tatbeteiligung. Je länger die Vernehmung dauert, je detaillierter die Ermittler aufgrund der Spurenauswertung am Tatort nachfragen, desto unsicherer wird Teichmann. Die Widersprüche in seinen Angaben verschärfen sich. Das schwerwiegendste Indiz für den Tatvorwurf, seine Nachbarin Gerda Förster getötet zu haben, ist der Fund seiner Brieftasche samt Personalausweis und Geld in der Nähe des steckengebliebenen »Ford Transit«. Schließlich schildert der Tatverdächtige das Geschehen in der »Himmelfahrtsnacht«, das auf dem Parkplatz an der Kleingartenanlage seinen Anfang nahm:

Gerda Förster weigert sich sehr zum Ärger von Daniel Teichmann, mit ihm in die Gartenanlage zu gehen oder im Auto auf ihn zu warten. Als sie in den Rückwärtsgang ihres Fahrzeugs schaltet, beugt sich Daniel Teichmann zu ihr hinüber und zieht den Zündschlüssel ab. Er will sie an der Abfahrt hindern. Der junge Mann hofft in der Abgeschiedenheit auf ein sexuelles Erlebnis mit der kleinen, zierlichen Nachbarin. Die Frau wehrt sich und versucht, den Zündschlüssel wieder in ihren Besitz zu bekommen. Mit ihrer Körpergröße von hundertzweiundfünfzig Zentimeter hat sie gegen den fast dreißig Zentimeter größeren Beifahrer keine Chance. Der drückt ihr ohne Mühe den Kopf nach unten. Voller Angst, Entsetzen und auch Wut beginnt Gerda Förster, zu schreien. Der junge Mann hält ihr den Mund zu, öffnet die Tür und zieht die Frau über den Beifahrersitz aus dem Auto. Ob es zu sexuellen Kontakten gekommen ist, bleibt Spekulation. Teichmann wird klar, dass er nicht verhindern kann, dass Ehemann Tobias Förster, sein Vater und seine Mutter von dem Angriff auf die Frau und Nachbarin erfahren werden. Als das Opfer erneut schreit und nach Hilfe ruft, umfasst er mit beiden Händen dessen Hals und würgt es bis zur Bewusstlosigkeit. Dabei wird Gerda Förster ein Ohranhänger abgerissen. Um ein Sexualdelikt vorzutäuschen, entkleidet er sein Opfer vollständig. Er zerreißt Hose und Strumpfhose im Schritt und wirft die Kleidungsstücke auf den Boden. Der Täter legt die bewusstlose Frau auf dem Beifahrersitz ab, setzt sich hinters Steuer und fährt auf dem Zufahrtsweg von der Datschensiedlung in Richtung Bundesstraße 115.

Gerda Förster kommt während der Fahrt langsam wieder zu Bewusstsein. Teichmann hält an, zieht sie aus dem Auto und schlägt ihr mit der Faust mehrfach an die linke Schläfe. Um sicherzugehen, würgt er sie noch zusätzlich. Dann schleift er die leblos wirkende Frau etwa zwanzig Meter vom Auto weg an den rechten Fahrbahnrand. Dort lässt er sie liegen.

Das Opfer ist nicht tot. Die zierliche Frau kämpft mit all der ihr noch zur Verfügung stehenden Kraft um ihr Leben. Auf dem Weg zurück zum Auto hört der Täter leise Hilferufe. Gerda Förster versucht, kriechend die nahe Bundesstraße zu erreichen. Sie schafft es nicht. Brutal verhindert der Täter den Rettungsversuch. Mit ein paar Schritten ist er bei ihr und trommelt mit einer Faust mehrfach auf die Schläfe der Frau ein. Der Widerstand des Opfers ist gebrochen. Um sicherzugehen, dass die Nachbarin nun wirklich nicht mehr am Leben ist, würgt er erneut mit beiden Händen am Hals. Gerda Förster verstirbt noch am Tatort.

Teichmann versucht, alle Spuren zu verwischen. Er legt den Leichnam im Auto auf der Beifahrerseite im Fußraum ab. Mit dem »Ford Transit« fährt er zur B115, die er nach wenigen Kilometern wieder verlässt. Auf Nebenstraßen, Feld- und Waldwegen fährt er kreuz und quer durch die Spreewaldlandschaft. Am Rande einer Gemeinde vor den Toren seiner Heimatstadt, unweit der Bahnstrecke von Cottbus nach Berlin, glaubt er, ein sicheres Versteck für die Frauenleiche gefunden zu haben. Es ist ein Graben, der durch ein Kanalisationsrohr unter dem Feldweg verbunden ist. Das Rohr ist etwa zur Hälfte mit Wasser aus einem der Spreewaldfließe gefüllt. Teichmann steckt den Leichnam in die Kanalisation. Dabei rutscht ihm die Brieftasche aus der Hosentasche. Anschließend führt ihn seine Irrfahrt zurück an den Ausgangspunkt des Verbrechens. Dort angekommen, sammelt er im Scheinwerferlicht des Autos Kleidungsstücke des Opfers zusammen. Beim Versuch, das Fahrzeug zu wenden, versackt es im aufgeweichten Boden eines angrenzenden Feldes. Mit den Kleidungsstücken unter dem Arm macht er sich zu Fuß auf den Heimweg. Dabei verliert er unterwegs seine völlig durchgeweichten Schuhe. Die Kleidungsstücke des Opfers wirft er in das »Mühlenfließ«.

Bei der Obduktion diagnostiziert der Gerichtsmediziner bei der Toten erhebliche Kopf- und Halsverletzungen, unter anderem einen Nasenbeinbruch, Unterblutungen der Kopfschwarte, Abbrüche am Kehlkopfgerüst und eine Schwellung des Kehlkopfs. Verletzungen im Genitalbereich, die auf eine Vergewaltigung hindeuten könnten, werden nicht festgestellt.

Wenige Tage nach seiner Verhaftung und seinem Geständnis korrigiert Daniel Teichmann seine Aussagen in Bezug auf die am »Männertag« konsumierte Alkoholmenge. Er könne sich nur noch in Bruchstücken an das Geschehen vor der Gartensiedlung erinnern. Nach Angaben seiner Trinkmenge wird später ein Alkoholwert zwischen ein bis zwei Promille errechnet.

Nach der Bestellung eines Verteidigers einen Monat nach dem Erlass des Haftbefehls gegen Teichmann kommt eine neue Version des Tatmotivs zur Sprache. Danach habe das Opfer sexuellen Kontakt gewünscht. Den habe er abgelehnt, worauf die Nachbarin ihn und besonders seine Freundin zutiefst beleidigt habe. In seiner Erregung habe er wegen der üblen Vorwürfe die Tat begangen, sagt Teichmann nun aus.

Das nächtliche Geschehen lässt er in einem ganz anderen Licht erscheinen. Als er aus dem Auto aussteigen wollte, um sich vom Gartentor aus in der Anlage umzusehen, habe er die Hand der Frau an seinem Knie gespürt. Mit den Worten: »Ich habe einen besseren Zeitvertreib«, habe sie ihn aufhalten wollen. Nach der Ablehnung des sexuellen Angebots habe sie ihn in den Schritt gefasst. Er habe die Hand zurückgestoßen und sei ausgestiegen. Die Frau sei ihm gefolgt. Sie habe sich fest an ihn gedrückt und gemeint, sie könne ihm »noch einiges beibringen«.

Nach der Darstellung von Teichmann soll es danach einen heftigen Wortwechsel gegeben haben. »Ich betrüge meine Freundin nicht«, habe er die Annäherungsversuche abgelehnt. Die Nachbarin habe ihn als »Schlappschwanz« und »Schlaffi« und seine Freundin als »frigid« bezeichnet. Die passe ja überhaupt nicht zu ihm. Sie habe doch viel mehr zu bieten. In der Folge sei es zu einem Handgemenge gekommen. Er habe nur noch ein Röcheln vernommen und seine Hand an ihrem Hals gesehen. »Ich konnte nicht loslassen. Sie ist zusammengesackt.« In Panik habe er sie auf den Beifahrersitz gesetzt und sei weggefahren. Unterwegs habe er wieder ein Röcheln vernommen. Irgendwie sei es der Frau gelungen, die Beifahrertür zu öffnen und zu fliehen. An vieles könne er sich nicht erinnern. »Ich bin ausgestiegen und habe sie auf den Beifahrersitz zurückgezogen. Dann bin ich losgefahren und habe die Frau in einen Graben geschoben. Sie sollte nicht mehr sein.« Warum die Leiche nackt gewesen ist, könne er sich nicht erklären.

Die Staatsanwaltschaft klagt Daniel Teichmann im Juli 1997 wegen Mordes an. Die vom Angeklagten später geschilderte Version des Tatgeschehens mit den sexuellen Verführungen und den Beleidigungen durch das spätere Opfer spielt in der Anklage keine Rolle.

Die 1. große Strafkammer des Landgerichts Cottbus befasst sich in den fünf Verhandlungstagen im Dezember 1997 allerdings ausführlich mit dieser Darstellung. Der Ehemann von Gerda Förster und selbst die Mutter des Beschuldigten sowie andere Zeugen schließen aus, dass das Opfer den Angeklagten zu sexuellen Kontakten und zum Geschlechtsverkehr verführen wollte. Übereinstimmend wird Gerda Förster im Gerichtssaal als freundliche, aber zurückhaltende Frau fernab von jeglicher Leichtlebigkeit beschrieben. Der Angeklagte wiederum hatte nach eigenen Angaben vor der Bekanntschaft mit der Freundin mehrfach sexuelle Kontakte zu anderen Frauen. Einmal sei er der Freundin untreu gewesen. »Es ist für die Kammer nicht nachvollziehbar, dass er sich am Tatabend so prüde verhalten haben soll, wie er es darstellt«, heißt es dazu im Urteil. Der Angeklagte habe im Laufe der Inhaftierung »sein Verhalten und vor allem sein Tatmotiv in ein für ihn günstigeres Licht stellen wollen«.

Das Landgericht Cottbus verurteilt Daniel Teichmann wegen Mordes »aus niedrigen Beweggründen« zu einer Freiheitsstrafe von fünfzehn Jahren. Strafmildernd wertet das Gericht für den Angeklagten neben dem starken Alkoholgenuss am »Männertag«, dass er die Tötung des Opfers gestanden und ehrliche Reue über seine Tat gezeigt hat.

Der Bundesgerichtshof lehnt im September 1998 die Revision des Angeklagten ab und bestätigt das Urteil gegen Daniel Teichmann.

Die Toten im Oder-Havel-Kanal

Der einundzwanzigjährige Timo Faath und seine vier Jahre jüngere Freundin Dörte haben Schmetterlinge im Bauch. Seit ein paar Monaten sind sie ein Paar. Die Schmetterlinge sind am Vormittag des 25. Februar 1989 noch etwas müde vom »Bums« am Abend zuvor in der Dorfgaststätte vor den Toren der Stadt Oranienburg. Zwar hatte die Kapelle schon kurz nach Mitternacht ihre Musikinstrumente eingepackt, aber dann war es doch später geworden in der Wohnung eines Freundes. Der hatte ihnen für die Nacht ein Dach über dem Kopf angeboten und ihnen so den etwas mühsamen Heimweg nach Oranienburg erspart.

Timo lebt noch in der Wohnung seiner Mutter in Oranienburg. Bei seinem Freund Harro Schmied, der im Nebenhaus wohnt, ist an diesem Samstagmittag noch alles ruhig. Harro, der ebenfalls beim Dorftanz war, ist nachts scheinbar gut daheim angekommen. Jedenfalls lehnt sein Fahrrad an der Hauswand, registriert Timo. Verwundert ist er, als auf sein Klingeln an der heimischen Wohnungstür niemand öffnet. Dabei muss Mutti, jetzt um 12 Uhr, zu Hause sein. Schließlich hatte man sich zum Mittagessen verabredet. Etwas umständlich muss er nun doch den Wohnungsschlüssel aus seiner Jackentasche kramen.

Die Wohnung ist leer. Maria Faath ist nicht daheim. Vielleicht ist sie beim Vater. Die Eltern sind zwar geschieden, seit einigen Wochen haben sie sich jedoch wieder angenähert. Dort ist die Mutter nicht. »Ich war früh um acht Uhr bei ihr und habe mehrfach geklingelt und geklopft. Sie hat aber nicht aufgemacht. Da bin ich wieder gegangen«, erklärt der Vater.

Die Wohnung seiner Mutter macht einen merkwürdigen Eindruck. In allen Zimmern herrscht eine gewisse Unordnung. Die kennt Timo eigentlich nicht. Als stellvertretende Gaststättenleiterin achtet die Hausherrin schon berufsbedingt sehr darauf, dass alles an seinem Platz steht. Im Flur fällt trockener Sand auf dem Teppich auf. Die Zentralheizung ist rot gesprenkelt. Es sieht aus, als wäre es getrocknetes Blut. Timos Freundin, Dörte, wischt die unansehnlichen Spritzer und Schlieren mit einem feuchten Lappen weg. Auf dem Sofa im Wohnzimmer liegt eine beigefarbene Decke. Sie ist aufgewühlt und zur Seite geschoben statt, wie sonst immer, ordentlich zusammengelegt und am Fußende platziert. Vieles deutet auf einen hastigen Aufbruch hin. Unter dem Sofa stehen ein paar Hauslatschen, die dort nicht hingehören. In der Küche wundert sich Timo über eine leere Flasche »Pfeffi«. Dabei trinkt die Mutter doch gar keinen Pfefferminzlikör, sondern eher Cognac oder Kirschlikör. In der Wohnung sind sämtliche Ausweise und auch das Portemonnaie samt Handtasche zurückgelassen. »Mutti kann nicht weit sein«, glaubt Timo. Der Mantel hängt am Garderobenhaken, die Stiefel stehen davor. Sie scheint nur in ihrem schwarzen Kleid und der blauen Strickjacke das Haus verlassen zu haben. Noch merkwürdiger ist, dass der Auto- und der Wohnungsschlüssel, die zusammen an einem Ring befestigt sind, auf der Flurgarderobe liegen. Erst vor einer Woche hatte Timo das Schloss gewechselt, zu dem fünf Schlüssel gehören. Der der Mutter hängt am Schlüsselbrett. Sein eigener Schlüssel und der seiner Freundin sind ebenfalls vorhanden. Die beiden anderen Schlüssel fehlen.

Nachfragen über den Verbleib bei ihrer Tochter in Berlin, bei Bekannten und Freunden bleiben ergebnislos. Am 1. März 1989 erstattet Timo Faath schließlich eine Vermisstenanzeige bei der Polizei in Oranienburg.

Viele Spuren in der Wohnung der Vermissten deuten darauf hin, dass Timos Mutter die Wohnung nicht freiwillig oder, aus welchem Grund auch immer, aus Überhast verlassen hat. Die üblichen Routineabfragen der Kripo in den Krankenhäusern von Oranienburg und Umgebung und die Durchsicht von Unfallberichten der Verkehrspolizei bleiben ohne Ergebnis. Dass Maria Faath illegal die DDR verlassen haben könnte, erscheint nicht zuletzt durch die Angaben des Sohnes unwahrscheinlich. Auch das Ministerium für Staatssicherheit (MfS) hat dafür keine Hinweise. Die Bevölkerung wird über Medien um Mithilfe bei der Suche nach der Vermissten gebeten. Verwertbare Hinweise bleiben rar. Am 8. März 1989 wird das Innenministerium der DDR über den Verdacht eines Tötungsverbrechens in Oranienburg informiert.

Es beginnt eine intensive Suche nach Maria Faath.

Die Fäkaliengrube auf dem Grundstück wird ausgepumpt. Mit einem Ergebnis: Die Jauchegrube ist leer, die Polizei tappt weiter im Dunkeln. Polizisten suchen das Ufer am Autobahnsee in Borgsdorf-Pinnow und die dortigen Bootsstege ab. Per Moped durchstreifen Polizisten Waldwege im Bereich zwischen der Fernverkehrsstraße 96 im Osten und dem Oder-Havel-Kanal im Süden. Taucherteams suchen im Pinnower See und im Oder-Havel-Kanal nach der Vermissten. Suchtrupps in Schlauchbooten durchforsten vom Wasser aus die Schilfgürtel an den Ufern.

Am 16. März 1989 wird die schlimmste Befürchtung zur Gewissheit. Am Kilometer 22 des Oder-Havel-Kanals taucht die Leiche von Maria Faath auf. Sie steckt in einem Sack. Der Oberkörper der Toten ist mit Messerstichen übersät.

Eine bange Frage drängt sich den Kriminalisten der Morduntersuchungskommission (MUK) auf: Treibt in Oranienburg, an den Gewässern der Umgebung und entlang des Oder-Havel-Kanals ein Serienmörder sein Unwesen? Maria Faath ist bereits das zweite Frauenopfer innerhalb eines reichlichen halben Jahres. Die Polizei gerät unter Druck.

Das erste Mordopfer, das sieben Monate zuvor, am 28. August 1988, am Kilometer 20,5 aus dem Oder-Havel-Kanal gezogen wurde, war eine neunundvierzig Jahre alte Frau. Sie war nackt. Das Opfer war zweifellos erdrosselt worden. Sie wurde als Anna Knorr identifiziert. Ermittlungen zum Täter, die sich, wie bei Gewaltverbrechen routinemäßig, zunächst auf den engeren Kreis von Verwandten, Bekannten, Freunden als Kontaktpersonen konzentrierten, ergaben nicht den geringsten Verdacht. Anna Knorr muss ein Zufallsopfer ihres Mörders geworden sein.

Und Maria Faath? Vieles deutet darauf hin, dass sich Täter und Opfer gekannt haben. In den Fokus der Kriminalisten geraten neben Bezugspersonen, wie der geschiedene Mann, natürlich auch Harro Schmied, der einundzwanzigjährige Nachbar und Freund von Maria Faaths Sohn Timo. Es sollen noch Monate vergehen, bis das Ermittlungspuzzle der Potsdamer MUK, das aus vielen Indizien besteht, zu einem Gesamtbild zusammengesetzt ist. Erst am 8. Mai 1989 wird Harro Schmied, der zuvor vielfach als Zeuge vernommen worden war, unter dem dringenden Verdacht verhaftet, Maria Faath ermordet zu haben. Er gibt sich lange unschuldig. Aussagen von Zeugen und sachliche Beweise erschüttern jedoch zunehmend seine Alibis. Schließlich ist er dem Ermittlungsdruck nicht mehr gewachsen. Er ringt sich zur Wahrheit durch und gesteht schließlich die Tat.

Schmied ist am Abend zuvor gemeinsam mit Timo und seiner Freundin Dörte auf dem Dorftanz gewesen. Nach Mitternacht trennen sich die Wege der drei jungen Leute. Während das verliebte Paar bei einem Bekannten im Dorf übernachtet, begibt sich Schmied mit dem Fahrrad auf den Heimweg. Erheblich alkoholisiert ist das kein leichtes und ungefährliches Unterfangen auf dem von ihm als widerspenstig empfundenen Zweirad. Doch Harro Schmied schafft es sogar sturzfrei bis nach

Hause. Er lehnt den Drahtesel an die Hauswand. Im Nachbarhaus sieht er, dass in der Wohnung von Maria Faath noch Licht brennt. »Sollte ja Bescheid sagen, dass Timo und Dörte bei Bekannten übernachten«, nuschelt er vor sich hin. Er geht, noch immer unsicheren Fußes, hinüber, um der Mutter die Botschaft ihres Sohnes zu überbringen. Auf sein Klingeln an der verschlossenen Eingangstür des Grundstücks regt sich drinnen nichts. Beim Blick durch eines der Fenster im Erdgeschoss sieht er in einem der Zimmer Maria Faath. Sie liegt auf einem Sofa. Timos Mutter schläft. Der Anblick der Frau erregt ihn sexuell. Er geht am Haus entlang zur Terrassentür und drückt mehrfach gegen das Schloss, das sich ohne großen Widerstand öffnet. Auf der Terrasse streift er sich die Schuhe von den Füßen. Im Wohnzimmer schaltet der Einbrecher den noch laufenden Fernsehapparat und die Fensterbeleuchtung aus, um nicht erkannt zu werden. Dann schleicht er hinüber in den kleineren Wohnraum, in dem die Frau schläft. Er begehrt sie und beschließt, sie zu vergewaltigen. Der Täter ist sich sicher, dass die Mutter seines Freundes Timo einem einvernehmlichen Geschlechtsverkehr nicht zustimmen würde. Schmied lässt vor der Liege seine Hose und die Unterhose fallen, zieht die Decke vom Körper der Schlafenden und legt sich auf sie. Maria Faath ist zu Tode erschreckt und schreit ihre ganze Angst heraus. Der Täter hält ihr mit einer Hand den Mund zu, schiebt mit der anderen Hand das Nachthemd nach oben über die nackte Brust und den

Schlüpfer der Frau nach unten. »Harro, was machst du da?«, stöhnt die Mutter von Timo vor Entsetzen, als sie in dem Täter den Freund des Sohnes erkennt.

Harro Schmied weiß um die Folgen seiner Tat. Obwohl er gerade einmal einundzwanzig Jahre alt ist, hat er schon mehrfache Knasterfahrung. Bereits viermal ist er vom Kreisgericht Oranienburg wegen schweren Diebstahls und unbefugter Benutzung von Fahrzeugen verurteilt worden. Zweimal landete er deshalb im Strafvollzug. Erst seit einem halben Jahr ist er wieder auf freiem Fuß.

Auf dem will er bleiben. Dafür muss sein Opfer für immer verschwinden. Nur dieser Gedanke beherrscht ihn. Als sich die Frau unter ihm aufbäumt, zieht er ihren Kopf auf seinen Schoß. In der rechten Hand hält er eine Schere, die er sich vom Beistelltisch gegriffen hatte. Dann sticht er mit der fünfzehn Zentimeter langen Waffe der Frau in den Rücken. Einmal. Zweimal. Dreizehnmal insgesamt. Maria Faath kann sich trotz der schweren Verletzungen losreißen und aufstehen. Nach zwei, drei Schritten bricht sie jedoch im Flur zusammen.

Harro Schmied ist entsetzt. Er rennt hinaus ins Freie, in das angrenzende Naturschutzgebiet. Dort begreift er sein Verbrechen. Für ihn gibt es nur eine Lösung. Er muss es vertuschen. Dabei hätte sein Opfer bei sofortiger ärztlicher Hilfe gerettet werden können.

Harro Schmieds Verbündete für sein Vorhaben sind die Dunkelheit und die Schläfrigkeit der Nacht. Das Wohngebiet schlummert vor sich hin. Der Täter geht nach Hause und verwirklicht seinen Plan. Er holt aus der Garage einen Mopedanhänger, schnappt sich einen Leinensack, ein längeres Stück Draht und eine Plane. Von der Leine auf dem Hof klammert er ein Paar Socken ab. Sie dienen ihm fortan als Handschuhe. So ausgerüstet, kehrt er auf dem gleichen Weg an den Ort des Mordes zurück, den er vor der Tat gegangen war. Sein Opfer liegt regungslos im Flur. Er schleift die Tote an den Armen durch das große Wohnzimmer und das sich daran anschließende kleinere Zimmer und über die Terrasse ins Freie. Im Vorbeigehen greift er sich seine Tatwaffe, die Schere. Die Leiche packt er in den Mopedanhänger und verhüllt sie mit der Plane. Mit dem Anhänger in der Hand geht er durch verschiedene Straßen in Oranienburg Richtung Havelufer. Am Flussufer angekommen, realisiert er den zweiten Teil seines Planes. Er will ein schnelles Auftauchen des Leichnams verhindern. Am Ufer sammelt er Steine zusammen, füllt damit den Sack und bindet ihn mit dem Draht zu. Die Enden des Drahtes schlingt er um den Leib der Toten und dreht den Draht fest zusammen. Er schultert den Sack, trägt ihn etwa drei bis vier Meter in das Wasser hinein und wartet, bis der Leichnam im Oder-Havel-Kanal vollständig versunken ist. Schmied kehrt an den Tatort zurück und beseitigt verräterische Spuren in der Wohnung. Er wischt mit einem Handtuch Blutspuren vom Teppich im kleinen Wohnzimmer und im Flur und reinigt die Terrassentür. Mit der Beseitigung der Spuren ist er zufrieden. Schmied kehrt nach Hause zurück und legt sich schlafen. Alles, was ihn verraten könnte, verbrennt er in den folgenden Tagen Stück für Stück auf seinem Grundstück: das Nachthemd und den Schlüpfer des Opfers ebenso wie seine Hose, die Schuhe, sein Hemd sowie die Abdeckplane.

Und der Mord an Anna Knorr? Hat Harro Schmied auch sie getötet?

Parallelen drängen sich auf. Auch Anna Knorr war wie Maria Faath nackt, als sie im Kanal als Leiche auftauchte. Es sieht auch nicht nach Zufall aus, dass die beiden Toten an offensichtlich nicht weit voneinander entfernten Stellen im Kanal gefunden wurden. Der Verdacht erhärtet sich, als durch Verwandte bekannt wird, dass Harro Schmied in der Nacht des Verschwindens von Anna Knorr, am 28. August 1988, im Umfeld des Tatorts gewesen sein könnte.

August 1988. Seit knapp drei Wochen ist Harro Schmied nach Verbüßung seiner vierten Strafe von drei Monaten Gefängnis, verhängt vom Gericht in Oranienburg wegen unbefugten Benutzens von Fahrzeugen, wieder in Freiheit. Er hat sich geschworen, dass er dort nie wieder »einfahren« wird, wie die Verbüßung von Freiheitsstrafen im Kriminellen-Jargon heißt. Er freut sich, dass er an der Hochzeitsfeier seiner Schwester am 26. August 1988 teilnehmen kann. Am nächsten Tag erholt er sich gemeinsam mit seinem Bruder daheim in Oranienburg von den Anstrengungen des Festes, das erst weit nach Mitternacht ausgeklungen war. Gegen Abend werten die Brüder ab etwa 20.30 Uhr die

Feier bei einer großen Flasche Weinbrand der Marke »Goldbrand« aus. »Ich fahre noch einmal zu unserer Schwester und dem Schwager. Mal sehen, wie es ihnen geht«, verabschiedet er sich von seinem Bruder. Trotz einiger Schnäpse im Blut schwingt er sich auf sein Motorrad »ETZ 250«, den Verkaufsschlager der Motorradwerke Zschopau in der DDR. Bei der Schwester gibt es eine kleine Hochzeitsnachfeier. Der sichtbar angetrunkene Harro bekommt allerdings nur noch einige Tassen Kaffee serviert. Wenigstens etwas vom Alkohol erholt, macht er sich gegen Mitternacht mit dem Krad auf den Heimweg über die Fernverkehrsstraße 96 in Richtung Birkenwerder. In Höhe der Bushaltestelle in Oranienburg-Süd sieht er eine Radfahrerin. Die neunundvierzig Jahre alte Anna Knorr ist auf dem Weg nach Hause. Er schätzt ihr Alter auf dreißig bis fünfunddreißig Jahre. Harro Schmied beschließt, sie zu vergewaltigen. In Gedanken und Träumen hatte er schon mehrfach Frauen zum Sex gezwungen, sich aber durch Masturbation selbst Entspannung verschafft. Einem krankhaften Zwang, Frauen zu quälen, war er bislang nicht unterlegen.

Schmied überholt die Radfahrerin kurz vor der nächsten Havelbrücke. Nach der Überfahrt über den Kanal biegt er einen halben Kilometer weiter rechts in einen Waldweg ein. Dort wartet er auf sein Opfer. Die Radfahrerin ist völlig ahnungslos. Sie hatte den Kradfahrer kaum registriert, der an ihr vorbeigefahren war. Jetzt springt er plötzlich vor ihr auf die Straße. Der Mann ergreift ohne ein Wort das Fahrrad und die

Frau und zerrt das Opfer gut zehn Meter den Waldweg hinein an eine Stelle, die von der Straße nicht mehr einsehbar ist. Nach dem ersten Schock schreit Anna Knorr um Hilfe. Es ist niemand da, der sie hören kann. Der Täter reißt sie zu Boden und beginnt, sie auszuziehen. Er legt sich auf die Frau, manipuliert mit den Händen und dem Mund an der nackten Brust sowie am ebenfalls unbedeckten Geschlechtsteil und beißt sie schmerzhaft im Bereich der Scham. Das Opfer wehrt sich die ganze Zeit heftig. Ihr Vergewaltiger will aber unbedingt den Geschlechtsverkehr vollziehen. Er schlingt ihr ein Tuch um den Hals und verknotet es doppelt an der Halsvorderseite. Das Opfer bekommt keine Luft mehr. Nach kurzer Zeit sind die Kräfte erlahmt. Anna Knorr ist tot.

Der Täter transportiert das Fahrrad und die Taschen, die am Lenkrad hängen, mit dem Motorrad zur Havelhausener Brücke und wirft alles ins Wasser.

Zurückgekehrt zum Tatort, entkleidet er das Opfer vollständig. Er sammelt alle Kleidungsstücke zusammen und setzt die nackte Frauenleiche vor sich zwischen Tank und Lenkrad auf das Motorrad. Die Fahrt geht durch die Ortschaft Pinnow zum Oder-Havel-Kanal. Dabei soll sogar ein Streifenwagen der Polizei seinen Weg gekreuzt haben. Das behauptet er später in seinem Geständnis. Vom Ufer aus stößt der Mörder den Leichnam Richtung Flussmitte. Die Bekleidung der Toten wirft er ihr hinterher. Danach fährt der junge Mann nach Hause, legt sich ins Bett und schläft ein. Am nächsten Tag ist er pünktlich an seinem Arbeitsplatz bei der Deutschen Reichsbahn. Dort ist der junge Mann nach einer schwierigen Kindheit und den Straftaten als Heranwachsender ein zuverlässiger Kollege, der im Arbeitskollektiv anerkannt und geachtet ist.

Die Leiche von Anna Knorr wird am Vormittag des 28. August 1988 vom Schiffsführer eines Transportboots am Kilometer 20,5 des Oder-Havel-Kanals entdeckt.

Das Bezirksgericht Potsdam verurteilt Harro Schmied im Juni 1991 wegen Mordes in zwei Fällen zu einer Gesamtfreiheitsstrafe von fünfzehn Jahren. Zugunsten des Angeklagten wertet das Gericht bei der Strafzumessung, dass er beim Mord an Anna Knorr noch als Jugendlicher galt. Beim Mord an Maria Faath sei aufgrund des starken Alkoholkonsums eine verminderte Schuldfähigkeit nicht auszuschließen gewesen.

Im Strafvollzug ist Harro Schmied in den ersten Jahren alles andere als ein vorbildlicher Häftling. Zweimal wird er wegen Besitzes und Handels mit Rauschgift zu Freiheitsstrafen von drei beziehungsweise fünf Monaten verurteilt. Die muss er am Ende noch zusätzlich absitzen. Zu den beiden Straftaten kommen mehrere Disziplinarverfahren, unter anderem wegen Alkoholkonsums, Misshandlungen von Mithäftlingen oder verbalen Entgleisungen gegen Bedienstete der Vollzugsanstalt.

Nach Ende der Haftzeit im Januar 2005 wird Harro Schmied zunächst nicht entlassen. Die Staatsanwaltschaft Potsdam hatte die Anordnung der nachträglichen Sicherungsverwahrung beantragt. Sowohl das Landgericht Potsdam als auch der Bundesgerichtshof lehnen das ab. Am 23. August 2005 öffnen sich für Harro Schmied die Gefängnistore. Für die Dauer der Sicherungshaft vom 5. Januar 2005 bis zum 23. August 2005 erhält Schmied eine Entschädigung.

»Ich wollte wieder ins Gefängnis. Ich komme draußen nicht zurecht.« So begründet der siebenundzwanzig Jahre alte Alois Oberfranz vor dem Landgericht Potsdam sein Motiv für eine Tat, die eine Frau fast das Leben gekostet hätte.

Den 11. Oktober 1995 wird Waltraud Wacker aus Brandenburg an der Havel wohl nie vergessen. Der Tag ist noch nicht einmal vier Stunden alt, als sie auf dem Weg zu ihrer Arbeitsstelle ist. Wie immer hat sie den Trageriemen ihrer Handtasche über die Schulter gelegt. In der Tasche sind all die Kleinigkeiten verstaut, die eine Frau unbedingt braucht: Taschenspiegel, Kamm, Deo, Tempotaschentücher, Portemonnaie und noch manches mehr. In der Geldbörse steckt nicht viel. Es sind exakt 28,27 Mark. In der rechten Hand hält sie einen Beutel. In dem stecken zwei Flaschen Mineralwasser.

Waltraud Wacker beachtet den Mann nicht, der auf der anderen Straßenseite geht. Bemerkt sie ihn überhaupt, als sie ihn überholt? Wenn ja, dann jagt er ihr in dieser städtischen Wohngegend keine Angst ein. Sie hat es eilig, ist schon gut hundert Meter voraus. Urplötzlich aber steht der harmlos erscheinende Fußgänger hinter ihr. Sie spürt seine Hände auf ihren Schultern. Er dreht sie zu sich herum. Ohne auch nur ein Wort zu sagen, sticht der Täter mit einem Messer wahllos in Richtung Gesicht und Oberkörper des

Opfers. Die Frau versucht, ihr Gesicht mit einem Arm zu schützen, und schlägt, mit dem Beutel in der anderen Hand, nach dem Täter. Beide gehen zu Boden. Vielleicht hat ihr dieser Sturz das Leben gerettet. Zustechen kann der Täter nicht mehr. Die Klinge des Messers ist abgebrochen. Der Mann schnappt sich die Handtasche, wirft bis auf die Geldbörse alles, was darin steckt, achtlos weg und flüchtet in Richtung Stadtzentrum. Schwerverletzt bleibt das Opfer am Straßenrand liegen. Ihre Hilferufe bleiben zunächst ungehört. Mehrere Autos fahren an der hilflosen Frau vorbei. Schließlich hält doch ein Kraftfahrer an und kümmert sich um die Verletzte. Umgehend leistet er Erste Hilfe, ruft einen Krankenwagen und verständigt die Polizei.

Waltraud Wacker wird ins Klinikum Brandenburg gebracht. Der Schock und die frühmorgendliche Kälte lassen sie am ganzen Leib zittern. In einer Notoperation können die Ärzte das Leben der Frau retten. Sie versorgen die Schnitt- und Stichverletzungen im Gesicht und am Hals. Die Stiche hatten die Hauptschlagader zum Glück um wenige Zentimeter verfehlt. Neben anderen Verletzungen wird zudem eine tiefe Wunde am Brustkorb festgestellt.

Alois Oberfranz ist nach seiner Entlassung aus dem Gefängnis erst seit knapp sieben Monaten wieder auf freiem Fuß, als er die ihm unbekannte Waltraud Wacker auf offener Straße überfällt und niedersticht. Die Bewährungschance, die ihm die Justiz gewährte, hat er nicht genutzt. Wieder einmal nicht, wie schon so oft in seinem Leben.

Von Kindheit an begleiten Ausgrenzung, Gewalt und Tod den Lebensweg von Alois Oberfranz.

Das Verhältnis zum Vater ist praktisch von Beginn an gestört. Dessen strenge und vor allem auf Leistung orientierte Erziehungsmethoden führen dazu, dass es nur emotionale Bindungen zur Mutter und zu seiner Schwester gibt. Während die ein Jahr ältere Schwester von Geburt an Papas Liebling ist und die Schule ohne Schwierigkeiten meistert, ist die für Alois angelegte väterliche Messlatte unerreichbar hoch. Bereits kurz nach der Einschulung fällt der Junge mehr als »Radaubruder« auf und weniger als ein Schüler, der sich trotz Lernschwierigkeiten um befriedigende Leistungen bemüht. Der Junge ist zwölf Jahre alt, als ihn die Eltern in einer Nervenklinik untersuchen lassen. Der Arzt verschreibt zur Beruhigung des aufmüpfigen Kindes Tabletten. Die verpuffen allerdings, ohne zu beruhigen. Eine Zeit später wird in der Universitätsklinik in Leipzig festgestellt, dass der Junge nicht altersgerecht entwickelt ist. Hilfe soll wieder ein Medikament bringen, das »zappelige« Schülerinnen und Schüler zähmen soll. Bei Alois helfen die Pillen wieder nicht.

Nach acht Schuljahren wird der heranwachsende Junge mit dem Abschluss der siebten Klasse ausgeschult. Er schafft den Abschluss einer Teilberufsausbildung als Schlosser. Lange hält er es auf keiner seiner folgenden Arbeitsstellen aus, weder bei einem Landmaschinenbau, als Küchenhilfe in einer Gaststätte noch als Friedhofsarbeiter in Falkensee, wo die Familie inzwischen lebt. Psychisch belastet den jungen Mann zudem seine homosexuelle Veranlagung, die die Gesellschaft zur damaligen Zeit noch nicht toleriert.

Die Abwärtsspirale in seinem Leben schleudert ihn schließlich mehrmals vor Gerichte.

So auch am 25. Mai 1987. Alois Oberfranz ist auf dem Weg von Falkensee nach Nauen zum dortigen Kreisgericht. Die Richter verurteilen ihn wegen unbefugten Benutzens von Kraftfahrzeugen zu einer Bewährungsstrafe. Nach der Strafverkündung hat er sich für den Nachmittag mit seinem Kollegen Hannes Mohr verabredet. Dem will er demnächst bei der Wohnungsrenovierung helfen. Die Absprachen in Mohrs »vier Wänden« dauern nur wenige Minuten. Dann werden sie in einer Gaststätte in Nauen bei Bier und Schnaps vertieft. Angeheitert geht es zurück in die renovierungsbedürftige Wohnung. Dort will man eventuell miteinander kuscheln. Die Männer entledigen sich ihrer Oberbekleidung und setzen sich aufs Bett. Zunächst geht es noch einmal um das Tapezieren und Malern der Wände. Über beiderseitige Geldforderungen geraten die Arbeitskollegen in einen heftigen Streit, der im Stehen ausgetragen wird. Die Fäuste fliegen. Ein kräftiger Punch von Oberfranz ins Gesicht von Mohr befördert den Hausherrn unsanft auf sein Bett. Von einem Tisch greift sich Oberfranz ein abgebrochenes Küchenmesser. Die Klinge ist noch knapp sechs Zentimeter lang und zwei Zentimeter breit. Der Kampf der Männer ist heftig. Ohne Pause sticht Oberfranz wahllos auf das Opfer ein. In den Rücken. In die Brust. Mal mit dem Messer in der linken Hand. Mal mit der rechten Hand. Dann mit beiden Händen. Als sich das Opfer nicht mehr rührt und keinen Laut von sich gibt, blickt der Täter voller Entsetzen auf das, was er getan hat. Das Opfer blutet aus allen Wunden. Es sind siebenundvierzig Stiche und Schnitte insgesamt. Einer der Stiche hat direkt das Herz getroffen. Der Täter kann den Anblick des Toten nicht mehr ertragen. Er wirft eine Decke über den Leichnam. Dann beginnt er, die Spuren seines Exzesses zu beseitigen. Mit seinem Unterhemd wischt er sich die blutbeschmierten Hände ab und wirft das Kleidungsstück hinter das Bett. Mit Tüchern und Wasser säubert er alle Gegenstände, auf denen Fingerabdrücke sein könnten. Mit dem Schlüssel von Mohr sperrt er die Wohnungstür ab. Und geht. Sämtliche, am Bund befindlichen Schlüssel wirft er auf dem Weg zum Bahnhof in Nauen einzeln an verschiedenen Stellen weg. Mit dem Zug fährt er Richtung Falkensee. Daheim legt er sich kurz nach Mitternacht ins Bett. Am Tag danach, wie auch an den anderen Tagen, ist er pünktlich auf seiner Arbeitsstelle. Nach dem Verbleib von Mohr befragt, zuckt er nur die Schultern. Der Mann bleibt verschwunden.

Am 30. Mai 1987 wird Alois Oberfranz verhaftet. Er hatte in seinem Betrieb betrunken mehrere Bürotüren aufgebrochen und den Schlüssel eines »Barkas B 1000« gestohlen. Mit dem Fahrzeug wollte er sich wegen der Tötung seines Kollegen und Trinkbruders durch einen Unfall das Leben nehmen. Er streifte auf der Amokfahrt einen »Škoda«, fuhr danach direkt auf einen Mopedfahrer zu. Der konnte dank seiner schnellen Reaktion sein Leben retten. In der Nähe eines Bahnübergangs rammte er einen »Trabant«. Zwei Insassen wurden dabei verletzt. Ihm geschah nichts.

Am 5. Juni 1987 öffnet die Polizei im Zusammenhang mit der Fahndung nach Hannes Mohr dessen Wohnungstür. Verwesungsgestank schlägt den Polizisten entgegen. Die Leiche von Mohr ist bereits in Fäulnis übergegangen. Alois Oberfranz wird aufgrund von Zeugenaussagen und anhand von Spuren am Ort des Verbrechens als Tatverdächtiger überführt. Der bereits bestehende Haftbefehl gegen ihn, erlassen Ende Mai wegen seiner Amokfahrt, wird um den Verdacht des Mordes erweitert.

Im September 1987 wird Oberfranz in die Bezirksnervenklinik Brandenburg eingewiesen. Er soll dort im Auftrag der Staatsanwaltschaft Potsdam psychiatrisch im Hinblick auf seine Schuldfähigkeit untersucht werden. In der Klinik wird ihm im sogenannten Forensischen Zimmer ein Bett zugewiesen. Das »Appartement« besteht aus einem Aufenthalts- und einem Schlafraum sowie einer Toilette.

Oberfranz muss sich die Unterkunft mit dem zweiundzwanzigjährigen Boris Lenz teilen, der wegen schwerer Straftaten ebenfalls von Fachärzten untersucht werden soll. Die beiden Männer verstehen sich zunächst nicht sonderlich gut. Ihr Verhältnis bessert sich, als sie sich sexuell näherkommen.

Bei einem gemeinsamen Hofgang am Nachmittag des 30. September offenbart Oberfranz seinem »Leidensgenossen« den Plan, aus dem Krankenhaus auszubrechen und in die BRD zu flüchten. »Allein schaffst du das nie«, zweifelt Lenz an der Machbarkeit einer Flucht. »Wie willst du denn allein über die hohe Mauer kommen?«, fragt er provokant und bietet sich auf die Art für einen gemeinsamen Ausbruch an. Oberfranz lehnt ab. »Dann sage ich es eben den Pflegern«, droht Lenz. »Wenn du das machst, gibt es ein ›Unglück‹«, bekommt er zur Antwort. Dann beruhigen sich die Männer.

Nach dem Abendessen auf dem Zimmer flammt der Streit erneut auf. Der Friede soll auf Initiative von Alois Oberfranz im Bett seines Zimmermitbewohners geschlossen werden. Nach den Intimitäten verkündet Lenz in aller Ruhe: »Das ist mir jetzt zu viel. Ich werde den Pflegern melden, dass du abhauen willst und dass du mich zu sexuellen Handlungen gezwungen hast.« Mit Maulschellen antwortet Oberfranz auf diese Ankündigung. Er befürchtet außer dem Verrat seiner Fluchtabsichten vor allem, dass seine Homosexualität, die er so lange geheim gehalten hatte, bekannt wird. Mehr noch: Er sieht seine Hoffnungen schwinden, wegen der Tötung von Hannes Mohr nur wegen Totschlags verurteilt zu werden, was ihm die Chance im Falle einer Amnestie auf die vorzeitige Haftentlassung geben würde. Er hat Angst vor der Verurteilung wegen Mordes zu einer lebenslangen Freiheitsstrafe. Diese Gedanken lassen den Mann nicht mehr los. Er greift sich ein Handtuch vom Stuhl, der neben dem

Bett steht, schlingt es Lenz um den Hals. Der Täter zieht die Enden des Handtuchs mit aller Kraft zu und zerrt sein röchelndes Opfer aus dem Bett. Er hört mit dem Strangulieren erst auf, als der Mitinsasse keinen Ton mehr von sich gibt. Boris Lenz ist tot.

Alois Oberfranz realisiert, dass er einen zweiten Menschen umgebracht hat.

Diesmal soll es aussehen, als wäre es ein Selbstmord. Der Täter reißt ein Bettlaken in Streifen und verknotet das Ende eines Streifens um den Hals des Toten. An den Armen schleift er ihn in den Aufenthaltsraum, lehnt ihn mit dem Rücken an die Zentralheizung und öffnet das darüber befindliche Fenster. Um die Gitterstäbe vor dem Fenster schlingt er das andere Ende des Streifens und zieht den Bettlakenstrick so weit an, bis der Oberkörper des Opfers in der Luft hängt. Es soll den Eindruck erwecken, als habe sich Lenz erhängt. Dann geht der Täter an die Beseitigung von Spuren. Er schüttelt die Steppdecke des Opfers auf und legt sie ordentlich über das Bett, um Blutflecken zu überdecken. Das Handtuch verschwindet hinter der Toilette in einem Spalt der Verkleidung. Mit Toilettenpapier beseitigt er Blutspuren.

Es ist kurz vor Mitternacht geworden. Im Aufenthaltsraum für das Personal sitzt ein Pfleger bei einer Tasse Tee. Ein Klopfen stört die Stille auf der Station. Im sogenannten Forensischen Zimmer, das ganz am Ende des Ganges liegt, sieht er Licht und eilt den Flur entlang. Er schaut durch das Türfenster zum Aufenthaltsraum und sieht dahinter einen aufgeregten Alois

Oberfranz stehen. »Der hat sich aufgehangen«, schreit dieser und weist auf das Fenster. Als der Pfleger den Körper von Boris Lenz vom Strang schneidet, ist der noch warm. Totenflecken sind nicht zu erkennen. Oberfranz wird losgeschickt, um Hilfe zu holen.

Zunächst scheint es, als sei der Plan vom Selbstmord aufgegangen. Die herbeigerufene Ärztin vermerkt als Todesursache »Erhängen«. Das Bettlaken und die Strangmarken am Hals scheinen eindeutig zu sein. Die Obduktion der Leiche und die kriminaltechnische Arbeit am Tatort überführen allerdings Alois Oberfranz als mutmaßlichen Mörder seines Mitgefangenen.

Das Bezirksgericht Potsdam verurteilt Alois Oberfranz wegen Mordes an Boris Lenz und Totschlags an Hannes Mohr zu einer lebenslangen Freiheitsstrafe.

Das Bezirksgericht Frankfurt (Oder) reduziert die Strafe im Oktober 1991 auf zehn Jahre. Im März 1994, nach sieben Jahren und zehn Monaten Haft, wird Alois Oberfranz auf Bewährung entlassen.

Er zieht zur Mutter. Die hatte sich 1987 von ihrem Ehemann auch wegen der Straftaten des Jungen und der daraus resultierenden gegenseitigen Schuldzuweisungen scheiden lassen. Das Ex-Paar lebt allerdings weiterhin mehr oder weniger zusammen. Der Betrieb des Vaters und die ihm gehörende Wohnung, in der die Mutter lebt, befinden sich auf dem gleichen Grundstück. Auch das ist Eigentum des Mannes. Der Vater stellt den Jungen als Hilfskraft in seinem Unternehmen ein. Vom Lohn für Alois kassiert er 250 Mark Miete für das Kinderzimmer, in dem sein Sohn in der mütterlichen Wohnung campiert. Nach einem Streit mit dem Vater schmeißt Alois seine Arbeit hin und wird Kellner in einer Gaststätte. Nachdem er seinen Chef über seine Straftaten informiert hat, wird er sofort gefeuert mit der Begründung: »Eine derartige Bedienung kann ich meinen Gästen nicht zumuten.«

Wie der Kneipier, so setzt ihn auch sein Vater vor die Tür. Oberfranz will Selbstmord begehen. Der misslingt. Er zieht nach Leipzig, arbeitet für eine amerikanische Firma als Verkäufer und setzt die Liaison mit einem Partner fort, die während der Haft entbrannt war. Als der Intimfreund in Leipzig eine Frau kennenlernt, zerbricht die Partnerschaft.

Diese Enttäuschung ist letztlich der Auslöser für den Überfall auf Waltraud Wacker, der sie fast das Leben gekostet hätte.

Oberfranz reist durch die Gegend und trifft sich mit Bekannten aus vergangenen Haftzeiten. Am 9. Oktober 1995 führen ihn seine Unruhe und die Unzufriedenheit mit sich und der Welt nach Brandenburg an der Havel. Dort kommt er im Wohnheim für entlassene Strafgefangene des »Humanitas e.V.« unter, in dem er alte Bekannte wiedersieht. Am nächsten Tag besucht er einen Strafgefangenen in der Justizvollzugsanstalt Brandenburg, kauft sich am Nachmittag für 400 Mark eine Schreckschusspistole und zieht spät am Abend mit einem anderen ehemaligen »Knacki« durch Brandenburg. Nach ein paar Bier in der Gaststätte *Schwarzes Rössel* fängt Oberfranz plötzlich an, mit der Pistole wild durch die Gegend zu feuern.

Der Freund von einst will damit nichts zu tun haben. Er lässt ihn einfach stehen. Die Polizei ist schnell zur Stelle und macht der Ballerei ein Ende. Nach Feststellung der Personalien auf der Wache kann der Schütze wieder gehen. Er sucht noch einmal die »Humanitas«-Unterkunft auf. Dort macht er sich in der Heimküche ein Brot und lässt dabei ein Messer mitgehen. In den frühen Morgenstunden geht er aus dem Heim in Richtung Hauptbahnhof.

In Oberfranz brodelt es innerlich. Die Wegnahme seiner Pistole durch die »Bullen« empfindet er noch immer als schmerzlich und vor allem als ungerecht. Er fühlt sich hintergangen und verlassen. Von dem Freund, der ihn wegen der Schießerei einfach hat stehen lassen, und vom Partner in Leipzig, von dem er wegen einer Frau den Laufpass erhalten hatte.

Waltraud Wacker, die Frau, die nichts ahnend am 11. Oktober 1995 um 3.50 Uhr auf dem Weg zur Arbeit ist, wird zum Objekt der Wut des Täters und Opfer seiner aufgestauten Aggressionen. Ohne ein Wort zu sagen, sticht Oberfranz mit dem Messer, dass er aus der Wohnheimküche hat mitgehen lassen, die Frau nieder.

»Ich wollte wieder ins Gefängnis. Ich komme draußen nicht zurecht.« Dieses Motiv für den Raubüberfall auf Waltraud Wacker lässt das Landgericht Potsdam nicht gelten. Für die Richter ist es eine reine Schutzbehauptung. »Wenn es ihm darauf angekommen wäre, wieder ins Gefängnis zu kommen, hätte es nicht der Tötung eines Menschen bedurft, um dieses Ziel zu erreichen. Der Angeklagte hätte lediglich gegen eine seiner Bewährungsauflagen verstoßen müssen«, stellt das Gericht in seinem Urteil fest.

Die Schwurgerichtskammer des Landgerichts Potsdam verurteilt Alois Oberfranz im Juli 1996 wegen versuchten Totschlags in Tateinheit mit schwerem Raub zu einer Freiheitsstrafe von neun Jahren.

Alois Oberfranz verzichtet auf die Revision beim Bundesgerichtshof und nimmt das Urteil an.

Herzstich

Der Mann, der im April 1990 in einem Wald bei Pritzwalk an einen Baum gelehnt auf dem Erdboden sitzt, ist kein erschöpfter Pilzsammler. Kann er ja auch nicht sein. Der April ist erst zwei Tage alt. Da gibt es kaum essbare Pilze. Der Mann sieht verzweifelt aus. Er ist es auch. Er weint und hadert und zittert am ganzen Körper. In der Hand hält er einen Strick. Mehrmals schon hat er versucht, ihn über den Ast am Baum zu werfen. Jedes Mal ist er gescheitert. Der Ast war zu hoch für seine kraftlosen Hände. In seinem Kopf schwirren Bilder herum. Bilder von zwei Kindern: von der Kleinen, die auf seinem Schoß sitzt, und von Lars, dem er die Autobahn für seine Spielzeugflitzer gebaut hat. Er hat seine Lebensgefährtin und die Mutter der beiden Kinder vor Augen. Sie ist einunddreißig Jahre alt, er wird in achtzehn Tagen fünfundzwanzig. Vor knapp einem Jahr haben sie sich kennengelernt. Extra wegen ihm hat sich Dana von ihrem Mann scheiden lassen. Sie leben wie ein Ehepaar zusammen, zumindest tagsüber und an den Abenden. Die Nächte verbringt Harry jedoch meistens in seinem Zimmer daheim im elterlichen Wohnhaus. Sein Beruf als Tierpfleger verlangt frühes Aufstehen.

Für Dana und die Kinder, »seine« Familie, hat er alles getan. Er hat sich wohlgefühlt. Und nun? Er sieht im Geist seine Dana vor sich liegen. Sie hat die Augen geschlossen. Er wünscht sich: »Wach auf! Dann ist es vorbei!« Dana, die Frau, die er geliebt hat, wird nie wieder aufwachen. Und es wird niemals vorbei sein.

Noch einmal bringt der Mann im Wald den Strick, mit dem er auch im Bullenstall des Landwirtschaftsbetriebs hantiert, wie ein Lasso ins Schwingen. Erneut misslingt der Wurf über den Ast des Baumes. Das andere Ende ist viel zu kurz, um es greifen und sich den Strick um den Hals schlingen zu können. Er schafft es nicht, sich selbst zu töten. Scheitert am Suizid, wie schon einmal, als er sich als Fünftklässler mit Tabletten umbringen wollte.

Der Mann verlässt den Wald Richtung Fernverkehrsstraße. Ein Autofahrer nimmt ihn per Anhalter mit zur Polizei nach Pritzwalk. Dort gesteht Harry Sperling: »Ich bin ein Mörder.«

Aus dem körperlichen schmächtigen Fünftklässler Harry, der einst von seinen Klassenkameradinnen und Klassenkameraden als Kleinster in der Schülergruppe gehänselt worden war und der sich mit Tabletten vergiften wollte, ist nach der Pubertät ein richtiges Mannsbild geworden. Er will Hochseefischer werden. Dafür besucht er sogar zwei Jahre länger die Schule, als es ursprünglich vorgesehen war. Der Schule wollte er eigentlich schon nach der achten Klasse den Rücken kehren. Damit wäre er jedoch nicht bei den Hochseefischern in Rostock-Marienehe angelandet. Dort gefällt es ihm gut. Sogar Vollmatrose wird er.

Die Liebe lockt den jungen Mann zurück in sein

Heimatdorf bei Pritzwalk. Er kündigt bei der Hochseefischerei, weil er möglichst oft und lange mit seiner achtzehnjährigen Freundin zusammen sein will. Die aber hat nicht nur Augen und Gefühle für ihn, sondern auch für andere Burschen. Die Freundin wird schwanger. Der Erzeuger des Babys ist nicht Harry. Der »gehörnte« junge Mann holt den Anker ein, zieht von dannen und landet 1985 statt auf See im Lausitzer Kohlerevier in der Nähe von Cottbus. In der »Kohle« wird gutes Geld verdient, doch in der Arbeiterwohnunterkunft und in Gaststätten wie der *Schwarzen Pumpe* wird auch kräftig Alkohol getrunken. Harry ist alles andere als ein Abstinenzler, doch das Zechen wird ihm schließlich zu viel. Der Pritzwalker heuert wieder in der LPG des Heimatdorfs an und arbeitet fortan im Bullenstall des Landwirtschaftsbetriebs.

Im Sommer 1989 lernt der inzwischen vierundzwanzig Jahre alte Harry Sperling die sechs Jahre ältere Dana kennen. Deren Ehemann ist zu dieser Zeit bei der Armee. Die Beziehung zwischen Dana und ihrem neuen Freund gestaltet sich harmonisch und liebevoll. Harry hilft der Frau bei der ihr lästigen Hausarbeit und spielt viel und gern mit den Kindern. Die Nächte verbringt er aber meistens in seinem Zimmer im Wohnhaus der Eltern. Alkohol trinkt er in dieser Zeit kaum. Er liebt seine Dana nahezu abgöttisch. Der Frau gefällt das. Sie lässt sich für den jungen Liebhaber von ihrem Ehemann scheiden.

Ein halbes Jahr später schleichen sich erste Misstöne in die partnerschaftliche Harmonie ein. Der dörfliche Buschfunk verbreitet die Meldung, dass Dana wieder Beziehungen zu ihrem geschiedenen Ex-Mann pflegt. Harry Sperling erfährt davon. Er fühlt sich in seinem männlichen Selbstwertgefühl verletzt. Wie oft in schwierigen Situationen, ertränkt er Enttäuschung und Wut in Alkohol. Von dem verträgt er nicht unerhebliche Mengen. Mit steigendem Bier- und Schnapspegel lösen sich allerdings auch innere Hemmungen. Aggressive verbale Reaktionen und Schlägereien sind die Folgen.

Böse Vorahnungen, seine Dana vielleicht an ihren Ex verlieren zu können, treiben ihn am 29. März 1990 in die dörfliche Kneipe. Als er sie verlässt, steht er auf wackligen Füßen. Zudem tut sich die Zunge schwer beim Sprechen. Das ist ein Zustand, den die Lebensgefährtin so gar nicht mag. Es kommt zum Streit. Der wird von beiden Seiten heftig geführt. Harry entrinnt ihm schließlich in sein Zimmer im elterlichen Haus.

Am nächsten Tag ist alles wieder gut. Freundin Dana taucht bei ihm auf, und nach ein paar Kuscheleinheiten ist der Streit vergessen. Später feiern sie mit Harrys Schwester und deren Ehemann in Danas Wohnung. Nachdem die Gäste gegangen und die Party-Hinterlassenschaften beseitigt sind, findet das Paar im Schlafzimmer zueinander. Der Intimverkehr hat Flecken auf dem Bettlaken hinterlassen. Die Frau ist deshalb fuchsteufelswild und gibt allein dem Mann die Schuld für das Missgeschick auf dem Laken. Harry nimmt die Sperma-Hinterlassenschaft nicht ernst. Die Frau erregt sich darüber nur noch mehr. Der Liebhaber zieht sich seine Sachen an und geht nach Hause.

Am Samstag treibt es Harry Sperling wieder in die Gastwirtschaft. Das war, wie er bei dem folgenden Versöhnungsversuch in Danas Wohnung erkennen muss, keine gute Idee. Es kommt erneut zum Streit wegen des befleckten Bettlakens vom Vorabend.

Einmal auf Alkoholtour, zieht es den vierundzwanzigjährigen Mann am Sonntag zum Frühschoppen wiederum in die Dorfgaststätte. Dort schaut seine Schwester vorbei. Sie vertieft die Informationen des örtlichen Dorfklatsches und ist sich sicher, dass Dana wieder mit ihrem Mann sehr eng zusammen ist. Sie muss es wissen, denn die beiden Frauen sind eng befreundet. Als Sperling nach dem Frühschoppen gegen Mittag daheim eintrifft, wird die Angst, dass Dana die Rolle rückwärts zu ihrem Ex-Gatten vollzogen hat, zur Gewissheit. Seine persönlichen Sachen aus ihrer Wohnung stehen jetzt in seinem Zimmer daheim bei den Eltern. Frust, Ärger, Enttäuschung, Schmerz über den nun offensichtlichen Rausschmiss aus der Wohnung der Freundin – Harry ertränkt all diese Gefühle in weiterem Alkohol. Erst bei einem schnapslastigen Besuch eines Fußballspiels und nach dem Abpfiff des Kicks erneut bis zum Ausschankschluss am dörflichen Stammtisch. Bei seiner Schwester findet er für die restlichen Stunden bis zum Morgen ein nächtliches Quartier.

Nach dem Wecken am Montag, dem 2. April, kurz nach 6 Uhr und mit einem gehörigen Kater im Kopf erfährt er das für ihn Unbegreifliche. Die Schwester berichtet von ihrem Besuch am Vorabend bei Dana, die ihr leicht bekleidet die Tür geöffnet hatte. Mehr noch: Im Schlafzimmer habe sich der geschiedene Mann im Bett geräkelt.

Die Streitereien der vergangenen Tage holen ihn ein. »Bei dem weiß ich wenigstens, was ich habe«, hatte sie ihm an den Kopf geworfen, als er ihr die Informationen des Buschfunks von der Untreue vorgehalten hatte. Nicht einmal bestritten hatte sie die Nähe zu ihrem Ex-Mann. Ein furchtbarer Gedanke nimmt in seinem Kopf Gestalt an: »Wenn ich sie nicht haben kann, dann soll sie keiner haben.«

Er will endgültig Klarheit haben. Er geht zum Wohnhaus der Eltern in den Keller, wo sich seine Arbeitssachen befinden. Zu denen gehört auch ein Fahrtenmesser. Die Klinge ist zwölf Zentimeter lang und sehr stabil. Der Tierpfleger benutzt es oft bei seiner Arbeit. Er steckt es in die Gesäßtasche der Hose. Für den Schmerz, den Dana ihm zugefügt hat, will der Mann Genugtuung. Er will ihr weh tun. Sehr weh. So weh, wie sie es getan hat mit ihren Vorwürfen und ihrer Untreue. Er weiß aus dem täglichen Umgang mit dem scharfen Messer mit der stabilen Klinge, dass eine falsche Anwendung gefährlich sein kann. Dass man damit auch einen Menschen töten kann.

Harry Sperling geht am Viehstall der LPG vorbei hin zur nicht weit entfernten Kinderkrippe. Dort ist Dana als Küchenhilfe angestellt. Ihre Mutter ist die Leiterin der Kindereinrichtung. Die fordert Sperling energisch auf, den Küchenraum zu verlassen. Der reagiert nicht. »Dana, kannst du mal kurz mit rauskommen?«, fragt er stattdessen seine Freundin. Vor dem Eingang zur Krippe kommt es zu einem kurzen Wortgefecht. »Es ist aus«, sagt sie unmissverständlich. »Du kümmerst dich ja nicht um mich, gehst in die Kneipe. Da kann ich ja auch wieder mit meinem geschiedenen Mann zusammen sein. Da weiß ich wenigstens, was ich habe«, hört er erneut von seiner Dana. Das ehemalige Paar steht dicht an dicht zueinander. Sperling greift mit der Hand nach hinten und holt aus der Gesäßtasche das Messer hervor. Ohne Vorwarnung stößt er die Waffe der Frau von unten in den Oberkörper. Das Opfer schreit auf und fällt zu Boden. Die Klinge durchstößt das Herz. Flüssigkeit sammelt sich an. Die Versorgung des Körpers mit Sauerstoff versagt. Nach dem Stich ins Herz gibt es für Dana keine Rettung. Zwanzig Minuten später ist sie tot.

Sperling verlässt den Tatort, holt einen Strick und geht in den Wald. Der Täter zittert am ganzen Körper. Der Ast am Baum ist hoch. Zu hoch. Er kann das Seil daran nicht befestigen. Der Mann stellt sich der Polizei mit den Worten: »Ich bin ein Mörder.«

Harry Sperling hat die entsetzliche Tat in vielen Vernehmungen bei der Polizei, beim psychiatrischen Sachverständigen, der ihn begutachtet hat, und vor Richtern jederzeit gestanden. Er hat der Frau, die er einst geliebt hatte, das Leben genommen. Zwei Kinder haben durch ihn die Mutter verloren.

Harry Sperling hat getötet. Ein Mörder ist der Mann nicht. Das Bezirksgericht Potsdam verurteilt ihn im Juni 1991 wegen Totschlags zu zehn Jahren Freiheitsentzug. Das Mordmerkmal der Heimtücke habe zwar objektiv vorgelegen, der Angeklagte habe aber nicht die Absicht gehabt, sein Opfer zu töten, so das Gericht. Zudem sei seine Steuerungsfähigkeit durch einen emotionalen Affekt und einen beträchtlichen Alkoholeinfluss bei der Tat erheblich eingeschränkt gewesen.

Im April 1996 wird Harry Sperling auf Bewährung aus dem Gefängnis entlassen.

Die missbrauchten Kinder

I. Der Fall Leonard L.

21. September 1994, kurz vor 3.30 Uhr am Morgen, in einer Stadt im Spreewald. Als Leonard L. das Schlafzimmer seiner Ehefrau betritt, hat er eine Menge Alkohol im Blut. Der Mann ist betrunken. Er hat eine Flasche Wodka intus. Doch er weiß genau, was er tun will.

Leonard L. hat in der rechten Hand einen Hammer. Einen Schlosserhammer. Das Werkzeug ist wuchtig. Mit dem hämmert man mehr ein als nur Pappnägel. L. geht auf das Bett seiner Ehefrau zu. Er holt aus.

Rosi ist die zweite Ehefrau im Leben des Leonard L. Er war einst als Obermaschinist ihr Chef bei einer Recyclingfirma, die Pflege- und Wartungsarbeiten in Tagebauen der Region erledigte. Rosi hat bei der Heirat in den 1980er Jahren vier Kinder, drei Töchter und einen Sohn, mit in die Ehe gebracht. Leonard L. ist Vater von zwei Töchtern, die ebenfalls im gemeinsamen Haushalt der L.s leben. Die Großfamilie harmoniert gut.

Jedenfalls nach außen hin. Und im Inneren?

Ehefrau Rosi schläft jetzt, um 3.30 Uhr, tief und fest. Der Gatte hat sich zu ihr herangeschlichen. Leonard L. holt zum Schlag aus. Plötzlich klingelt der Wecker. Die Schlafende schreckt kurz auf. Aus den Augenwinkeln nimmt sie, mehr schlafend als wach, einen Schatten wahr. Sie dreht sich auf die Seite und schläft weiter. Leonard L. schlägt nicht zu. Der Arm mit dem Hammer in der Hand sinkt kraftlos nieder. Das Werkzeug hält er fest. Er geht durch die Verbindungstür hinüber in ein angrenzendes Zimmer. Dort schlafen zwei der fünf Mädchen der Familie.

Leonard und Rosi haben viele Jahre in einer Lebens- und Haushaltsgemeinschaft gelebt. Dann wollen sie heiraten. Der Wunsch, sich ein eigenes Haus zu bauen, hat zu dem Entschluss geführt. Als Ehepaar ist es eben leichter, ein Grundstück zu erwerben und Fördergeld zu beanspruchen, als in der ungebundenen Lebenspartnerschaft. Die Unstimmigkeiten wegen der regelmäßigen Gaststättenbesuche mit Kollegen nach der Arbeit sind zwischen dem Paar ausgeräumt. Zweimal in der Woche der Besuch des Männerstammtischs, und damit hat es sich fortan.

Ein anderes Hindernis im ehelichen Leben tut sich 1987 auf. Leonard L. erkrankt an fortschreitendem Diabetes, muss zuletzt Insulin spritzen. Er verliert aufgrund der Krankheit zwei Zehen. Zudem lässt seine Manneskraft nach. Die sexuellen Bedürfnisse aber bleiben bestehen.

Leonard L. befriedigt das sexuelle Verlangen bei den fünf Töchtern und Stieftöchtern. Und bei seinem Stiefsohn.

Beate ist das »Lieblingskind« des Vaters. Sie ist neun Jahre alt, als er sich 1986 das erste Mal an dem Mädchen vergeht. Das Kind schläft, als Papa nachts an ihr Bett kommt. Nicht um nach ihr zu sehen, sondern um sie zu betatschen. Er schiebt seine Hand unter die Decke, fasst an die Brust und …

Beate wird durch die Berührungen wach. Sie weiß nicht, was mit ihr geschieht. Sie ist zu überrascht, um sich zu wehren.

Wochen später taucht der Vater erneut mit unsittlichen Gedanken und Taten bei ihr auf. Diesmal reagiert Beate, schlägt und tritt mit Händen und Füßen. Vom Papa erntet sie dafür zwei Ohrfeigen. Kurz nur verlässt der Vater das Zimmer, dann tritt er erneut an das Bett, vergreift sich an dem Kind und onaniert dabei.

Über Jahre geht das so in der Großfamilie, die nach außen hin scheinbar so gut harmoniert. Kein Kind bleibt von dem sexuellen Missbrauch des Vaters verschont. Die Töchter und der Sohn schweigen. Acht Jahre lang. Sie haben Angst, dass sich Mama und Papa trennen, wenn sie sich Erwachsenen anvertrauen.

Im September 1994 beginnt das Kartenhaus der Perversität einzustürzen. Leonard L. liegt im Krankenhaus. Zwei Zehen müssen ihm wegen der Auswirkungen der Zuckerkrankheit abgenommen werden. In dieser Zeit lernt die Ehefrau einen neuen Mann kennen. Sie beschließt, sich von L. zu trennen und zu dem tatkräftigen neuen Freund zu ziehen. Bei abendlichen Anrufen vom Krankenbett aus stellt Ehemann Leonard fest, dass die Gattin selbst zu später Stunde nicht zu erreichen ist. Dass diese selig im heimischen Bett schläft, glaubt er nicht. Er entlässt sich auf eigene Verantwortung aus der Klinik und kehrt in die eheliche Wohnung zurück. Am nächsten Tag wird seine

Vorahnung zur Gewissheit. Die Gattin eröffnet ihm, dass sie ihn verlassen wird. Leonard fürchtet sich vor dem möglichen Alleinsein. Der Streit zwischen dem Paar nimmt zu. »Mein Gehirn arbeitet jetzt noch nicht richtig. Irgendwann wird es aber damit anfangen. Dann wirst du etwas zu erwarten haben«, droht er der abtrünnigen Frau mit Konsequenzen.

Mitte September 1994 vereinbart Mutter Rosi mit ihrer ältesten Tochter, die inzwischen eine eigene Wohnung hat, ein Treffen in der Nähe eines Einkaufscenters in der Spreewaldstadt. Die Frauen sprechen über die bevorstehende Trennung des Ehepaars. Die Tochter entschließt sich in diesem Moment zur Wahrheit. Sie berichtet von den sexuellen Handlungen des Vaters an ihr und den fünf Geschwistern. Einen Tag später erstatten die Noch-Ehefrau und zwei Töchter Anzeige bei der Polizei. Die Durchschrift der Anzeige steckt Rosi in ihre Handtasche. Auf dem Dokument sind die Namen der Frau und der Töchter deutlich zu lesen.

Daheim angekommen, stellt Rosi die Tasche im Flur ab. Am späten Abend telefoniert sie ausführlich mit dem neuen Freund. Leonard L. nutzt die Zeit zum Stöbern in der Frauentasche. Als er die Anzeige findet, bricht für ihn eine Welt zusammen. Mit jedem Schluck aus der Wodkaflasche nimmt seine depressive Stimmung zu. Er schreibt zunächst ein »Testament« sowie einen Abschiedsbrief an seine beiden leiblichen Töchter. In dem heißt es: *Ihr werdet mich verachten oder mit Schaudern an Euren Vater zurückdenken; ich mache dies Kommende alles so, weil ich es nicht verkrafte; was ich getan habe, ist in der normalen Region nicht zu verstehen; aber wenn ihr mal in solch eine Situation kommen solltet, werdet ihr mich verstehen, selbst dann, wenn ihr so etwas nicht tun würdet.*

Im »Testament« heißt es: *Ich habe Angst vor dem, was ich tun werde.*

Am 21. September 1994 ergreift er morgens kurz vor 3.30 Uhr den Schlosserhammer. Das Rasseln des Weckers im Schlafzimmer rettet die Frau vor Schlägen gegen den Kopf. Leonard L. verlässt aufgeschreckt das Schlafzimmer. Er geht in das angrenzende Zimmer, wo zwei der Mädchen schlafen. Er stellt sich neben sein »Lieblingskind« und schlägt mindestens dreimal auf die Stieftochter ein. Der erste Schlag trifft das schlafende Mädchen an der Stirn. Aufgeschreckt kann es den zweiten Hieb mit den Händen abwehren. Ein dritter Hammerschlag landet auf dem Hinterkopf. Durch die Schreie der Mädchen im Kinderzimmer aus dem Schlaf gerissen, eilt die Mutter zur Hilfe. Im Licht einer Straßenlaterne, die durch das Fenster leuchtet, stürzt sie sich auf den tobenden Mann. Es gelingt ihr, dem Täter den Hammer zu entreißen. Mit Unterstützung der anderen Kinder, die aufgeschreckt durch den Lärm und die Schreie zur Hilfe gekommen waren, kann der wütende Vater gebändigt werden. Wenig später trifft die alarmierte Polizei ein. Leonard L. sitzt teilnahmslos im Wohnzimmer im Sessel. Er zeigt den Polizisten seinen Personalausweis und lässt sich widerstandslos festnehmen. Mehrfach weist er die Beamten auf das »Testament« und den »Abschiedsbrief« hin. »Die sind in dem Fall von Bedeutung«, drängt er auf die Mitnahme der Papiere.

Gegen L. wird am nächsten Tag durch das zuständige Amtsgericht Haftbefehl erlassen. Die Ermittlungen ziehen sich in die Länge. Im Juli 1995 wird Leonard L. aus der Untersuchungshaft entlassen. Erst am 14. April 1997 beginnt vor der Jugendstrafkammer des Landgerichts Cottbus der Prozess. Der Angeklagte muss sich für den sexuellen Missbrauch der sechs Kinder in siebenundzwanzig Fällen sowie wegen versuchten Mordes verantworten. Er bestreitet den sexuellen Missbrauch der Kinder. Leonard L. sieht sich vielmehr als Opfer eines Komplotts, den seine Frau geschmiedet habe. Ihre Absicht sei es gewesen, ihn durch die Anzeige bei der Polizei über den sexuellen Missbrauch der Kinder zu denunzieren, um frei zu werden für ihren neuen Freund. Wegen seines guten Verhältnisses zu den Verwandten habe sie sich nicht getraut, ihn einfach rauszuschmeißen.

Ein Geständnis kommt nicht über die Lippen des Angeklagten. Deshalb müssen die Kinder zum sexuellen Missbrauch durch L. detailliert aussagen.

Das Gericht glaubt ihren Aussagen und nicht den Behauptungen des Angeklagten. Die Richter der Jugendstrafkammer verurteilen Leonard L. im Mai 1997 wegen versuchten Mordes und sexuellen Missbrauchs in siebenundzwanzig Fällen zu einer Freiheitsstrafe von neuneinhalb Jahren. Noch im Gerichtssaal wird

Leonard L. wieder in Haft genommen. Der Bundesgerichtshof bestätigt ein halbes Jahr später den Cottbuser Richterspruch.

II. Kriminelle Fürsorge

Karl R. wird 1941 in einer Gemeinde in der Nähe von Cottbus geboren und wächst in einer kinderreichen Familie auf. Als der Vater im Krieg sein Leben lässt, ist Karl vier Jahre alt. Nachdem die Mutter wieder geheiratet hat, sitzen acht hungrige kleine Mäuler am Küchentisch. Selbst zur damaligen Zeit ist diese Kinderschar bemerkenswert.

Trotz der sicher schweren Startbedingungen meistert Karl die Schule ohne Probleme. Seine Leistungen sind gut. Nach der achten Klasse wird er an die Oberschule delegiert. Nach insgesamt zwölf Schuljahren kann er ein gutes Abiturzeugnis vorweisen. Karl R. ist ehrgeizig und nimmt ein Studium an einer militärmedizinischen Akademie auf. 1962 bricht er das Medizinstudium ab und geht auf den Bau, um zu arbeiten und Geld zu verdienen. Dort wird nicht selten in und nach der Arbeitszeit, nach dem Motto »ein Stein, ein Kalk, ein Bier«, Alkohol konsumiert. Der junge Mann will von den Kollegen akzeptiert werden und trinkt mit. Er gibt sich dabei gesellig und bleibt trotzdem ein Einzelgänger. Karl hat gemerkt, dass er anders ist als die Kollegen, die oft genug von ihren Erlebnissen mit Frauen schwärmen. Schon in der Pubertät hat er sexuelle Erfahrungen mit einem Jungen gesammelt. Karl ist homosexuell. Er weiß, dass er das verbergen muss. Daran ändert auch nichts, dass die DDR den Paragrafen 175, den »Schwulenparagrafen«, im Jahr 1968 aus dem Strafgesetzbuch streicht. In der Öffentlichkeit bleiben gleichgeschlechtliche Beziehungen verpönt.

R. interessiert sich für die Pädagogik. Er strebt eine Arbeit in der Volksbildung an, absolviert ein Fernstudium, arbeitet als Lehrer und Erzieher in einem Kinderheim. Bei der Reichsbahn wird er als sozialpädagogischer Betreuer eingestellt und kümmert sich dort vor allem um jüngere Mitarbeiter. Als dieser Posten bei der Bahn die Wendezeit nicht übersteht, bewirbt er sich erfolgreich beim Rat der Stadt Cottbus. Er wird im Jugendnotdienst eingestellt und wechselt später zum Jugendamt der Stadt. Ehrenamtlich betätigt er sich zeitweise beim Kinderschutzbund im Arbeitskreis »Sexueller Missbrauch«.

Karl R. ist sich sicher, dass er als »Homo« diese Stellen nie bekommen hätte. Die Gesellschaft ist noch längst nicht zu Toleranz bereit und fähig. Er spielt eine »normale« geschlechtliche Orientierung vor. Zur Tarnung heiratet er. Die Frau bringt ein Kind mit in die Ehe. Zudem nimmt das Paar zwei Brüder als Pflegekinder auf. Sie bleiben bei Karl R., als sich das Paar trennt. Er kümmert sich fortan allein um das Geschwisterpaar.

Im Team der Sozialarbeiter des Cottbuser Jugendamts sorgt er sich ab 1990 um Familien und deren Kinder, in denen es gravierende Probleme bei der Betreuung und Erziehung des jugendlichen Nachwuchses gibt.

Karl R. kümmert sich. Um einige der ihm Anvertrauten sogar besonders intensiv. Fred, Jonas und Christian gehören ab 1991 zu seinen besonders umsorgten Schützlingen. Sie sind keine Kinder mehr, aber auch noch nicht erwachsen. Die Art seiner Betreuung ist allerdings nicht die, die seinem Arbeitsvertrag entspricht. Der verpflichtet ihn, die »geistig-sittliche Entwicklung zu überwachen und zu leiten«. Daraus ergibt sich ein Verhältnis der Über- und Unterordnung zwischen dem Jugendlichen und dem Fürsorger. Das schließt eine Verantwortung für das sittliche Wohl der Jugendlichen ein.

Jonas und Christian sind keine Musterknaben. Sie sind straffällig geworden. Das macht sie angreifbar. Statt ihnen den richtigen Weg zu weisen und sie dabei zu begleiten, nutzt der Fürsorger seine Amtsmacht auf kriminelle Art und Weise schamlos aus. Er befriedigt eigene sexuelle Gelüste. Statt sich geschlechtlich gleichartig orientierte Partner und Liebhaber zu suchen, was nach der Wende ab 1994 auch im Gebiet der alten Bundesrepublik nicht mehr strafbar ist, setzt er seine jugendlichen Schützlinge unter Druck. Er könne sich in Jugendstrafverfahren beim Gericht positiv für sie einsetzen, wenn sie die von ihm gewünschten sexuellen Handlungen zuließen. Andererseits, so seine Drohung, könne er aber auch negativ gegen sie aussagen.

Die ohnehin betreuungsbedürftigen Jugendlichen

und Heranwachsenden sehen angesichts der Drohungen keine Chancen zur Gegenwehr. Zudem gibt Karl R. ihnen bei Treffs in seiner Wohnung unbegrenzte Mengen Alkohol und Zigaretten. Für die geleisteten »Stricherdienste« bekommen die Jugendlichen die eine oder andere Mark als Lohn und als Schweigeverpflichtung.

An einem Tag im Jahr 1994, das genaue Datum war nicht mehr feststellbar, bestellt der inzwischen dreiundfünfzig Jahre alte Jugendfürsorger Karl R. seinen Schützling Jonas zu sich nach Hause. Der Jugendliche hatte R. mehrfach Geld gestohlen. Es waren kleinere Beträge, doch gestohlen sei nun einmal gestohlen, macht er Jonas klar. Er könne natürlich auch von einer Anzeige bei der Polizei absehen. Dafür müsse sich Jonas jedoch erkenntlich zeigen. Jonas könne die Summe natürlich auch bei ihm abarbeiten.

Karl R. fordert den Jugendlichen auf, die Hosen herabzulassen. R. masturbiert am Penis des Heranwachsenden, der es aus Angst zulässt. Anschließend missbraucht der Fürsorger seinen Schützling für den Oralverkehr. Damit noch nicht genug. Er nötigt Jonas, sich mit nacktem Unterleib auf den Rücken zu legen. Von verschiedenen Posen, die der Junge vorgeschrieben bekommt, macht er Polaroidfotos.

Jonas ist das peinlich, doch er fügt sich.

Es bleibt nicht bei dieser einen Tat. Mehrfach in der Zeit von 1994 bis 1996 ruft Karl R. Jonas zu sich in die Wohnung. Wieder muss Jonas sexuelle Handlungen an sich durchführen und Sexualverkehr von R. erdulden. Zudem dreht R. mit einer Kamera einen Film und gibt dem Opfer seiner Begierde wie ein Regisseur Anweisungen für besonders intime Szenen des Videodrehs. Um seine jugendlichen Opfer zu stimulieren, spielt er ihnen vielfach Pornofilme vor.

So wie er Jonas missbraucht, so macht er es auch über Jahre mit Fred und Christian.

1999 wird Karl R. nach Bekanntwerden der Vorwürfe gegen ihn fristlos entlassen.

Es ist schwer, zu ertragen, was bei der Verhandlung vor dem Landgericht Cottbus aufgeklärt wird. Die Jugendstrafkammer des Gerichts braucht dafür vom März 2002 bis zur Urteilsverkündung im März 2003 fünfzig Sitzungen. Die sexuellen Handlungen vornehmlich mit Jonas und Christian bestreitet der Angeklagte in seiner Aussage vor Gericht nicht. Angesichts der Fotos und Videofilme hätte das Leugnen der intimen Übergriffe auch keine Überzeugungskraft. Seine Darstellung aber ist eine andere. Er weist jegliche Schuld von sich und schiebt sie den Jugendlichen zu. Jonas und Christian hätten die sexuellen Handlungen von sich aus gewollt. Er sei von ihnen regelrecht herausgefordert worden, weil es ihnen Spaß gemacht habe, behauptet er. Er habe gedacht, dass die sexuellen Kontakte nicht strafbar seien, wenn die Jugendlichen damit einverstanden seien. Mit Jonas habe er eine richtige Liebesbeziehung gehabt.

Das Gericht überzeugt er damit nicht. Die Zeugen hätten sich bei ihren Aussagen sehr sachlich und zurückhaltend geäußert, stellen die Richter fest. So räumt Jonas in seiner Vernehmung ein, vieles von den Ereignissen verdrängt zu haben, und spricht nur über Ereignisse, an die er sich wirklich erinnern kann. Karl R. habe sich auch um ihn gekümmert, sich seine Probleme angehört und ihn finanziell unterstützt. Er habe ihn bei sich aufgenommen, als er in Not gewesen sei.

Jonas schont sich nicht bei seinen Aussagen. Er gesteht, dass er seinen Sozialarbeiter mehrfach bestohlen habe. So wie Jonas zeigt auch Christian bei seinen Zeugenaussagen keinerlei Eifer, den Angeklagten besonders zu belasten. Vielmehr lässt er den ersten Zeugentermin sogar sausen. Zum nächsten Verhandlungstag wird er von der Polizei vorgeführt.

Das Landgericht Cottbus verurteilt Karl R. im März 2003 wegen sexuellen Missbrauchs in zweiundzwanzig Fällen zu fünfeinhalb Jahren Freiheitsentzug. Ursprünglich waren über dreißig Fälle angeklagt, von denen einige inzwischen verjährt waren.

In der Urteilsbegründung finden die Richter klare Worte: Der Angeklagte habe die Taten von langer Hand geplant und im Einzelnen genau und gezielt vorbereitet. Er habe sich um die Stelle als Jugendfürsorger beworben, obwohl er seit jungen Jahren wusste, dass er homosexuell veranlagt ist und sich zu männlichen Jugendlichen besonders hingezogen fühlt. Darüber hinaus habe der Angeklagte das Vertrauen der Öffentlichkeit in die Integrität der Mitarbeiter eines Jugendamts missbraucht und damit einen enormen Vertrauensschaden für Hilfe suchende Kinder, Jugendliche und deren Eltern angerichtet.

III. Der »blinde« Mädchenfänger

Guido Mocks, Baujahr 1940, ist bemitleidenswert. Der Mann ist zeitweise blind und sitzt überwiegend im Rollstuhl. Er ist aber imstande, mit zwei Gehhilfen zu laufen. Das Amt für Soziales und Versorgung hat Mocks, der im Spree-Neiße-Kreis wohnt, seinen Grad der Behinderung auf 100 Prozent festgelegt. Das bringt ihm ein gutes Auskommen auf Kosten der Steuerzahler ein. Später wird sich herausstellen, dass dieser Entscheidung kaum objektive Befunde zugrunde lagen. So meldete ein Augenarzt Zweifel an der Blindheit von Mocks an. Der war bei ihm in der Praxis mehrfach heftig gegen Wände gerannt. Ein wirklich Blinder bewege sich allerdings viel vorsichtiger als dieser Patient, urteilte der medizinische Gutachter.

Dass ein behinderter Mensch nach Hilfe sucht, ist verständlich. Mocks gibt 1987 in einer Zeitung eine Annonce auf, die ziemlich ungewöhnlich ist. In dem Inserat sucht ein blinder Mann ein vierzehnjähriges Mädchen zwecks Begleitung. Marion meldet sich. Sie ist zwar schon siebzehn Jahre alt, doch die Jugendliche und der dreißig Jahre ältere Mann verstehen sich auf Anhieb. Als Marion achtzehn Jahre alt ist, heiraten der Blinde und das Mädchen. Noch im gleichen Jahr wird die gemeinsame Tochter geboren. Zwei Jahre später kommt ein zweites Kind, ein Junge, zur Welt.

Nach und nach aber zweifelt die Ehefrau an der Blindheit ihres Mannes. Ihr fällt auf, dass der Gatte sich erstaunlich gut orientieren kann. Sie erwischt den »Blinden« beim Ablesen einer Telefonnummer. Mocks hat sofort eine Erklärung. Ein Blutgerinnsel im Gehirn sei weitergewandert und drücke nicht mehr auf den Sehnerv. Das stamme wohl aus einem früheren Kriegseinsatz in der französischen Fremdenlegion in Indochina. In der hatte er nach seiner Flucht nach Westdeutschland tatsächlich gedient.

Gattin Marion glaubt ihm zunächst. Dennoch entwickeln sich Konflikte, zumal die Ehefrau eine Fachausbildung zur Informatikerin beginnt und weniger Zeit für ihn aufbringt. Schließlich flüchtet sie mit ihren beiden Kindern ins Frauenhaus und kehrt nicht mehr zum Ehemann zurück. Der verbleibt allein in der gemeinsamen Wohnung.

Die Nachbarn in seinem Wohnort unweit der Neiße empfinden Mitleid mit dem gebrechlichen Mann, der sich außerhalb seiner vier Wände nur auf Krücken und im Rollstuhl zeigt. Er überzeugt Eltern, dass deren Kinder ihm im Haushalt helfen könnten. Sie müssten allerdings mindestens zwölf Jahre alt sein. Er würde ihnen für ihre Tätigkeiten etwas Geld bezahlen. Das ist anreizend für die Kinder wie auch für die Eltern, wenn ständig das Haushaltsgeld knapp ist.

Guido Mocks ist vor allem an Helfern aus sozial schwachen Familien interessiert. Die fühlen sich durchaus wohl bei ihm. Die Arbeiten sind nicht schwer, und streng ist Herr Mocks auch nicht. Sie dürfen rauchen, Game Boy spielen und sich auf dem Computer CDs anschauen.

Zur Nachbarschaft gehört eine Patchworkfamilie

mit acht gemeinsamen sowie mitgebrachten Kindern der Lebenspartner. Da geht es rau und oft ärmlich zu. Mocks unterstützt die Nachbarn, schenkt ihnen sechs Säcke voller aussortierter, aber noch gut erhaltener Kleidung von seinen Kindern und der geschiedenen Ehefrau. Vertrauen entwickelt sich.

Im Sommer 2000 hat es in der Stieffamilie wieder einmal gerappelt. Luisa ist zwölf Jahre alt. Sie wird von ihrer Stiefmutter streng erzogen. Gerade hat sie Luisa wieder einmal beim Stehlen erwischt. Es setzt Schläge. Als Guido Mocks davon erfährt, bietet er Hilfe an. Luisa könne ja bei ihm Hausarbeiten erledigen – die Betten beziehen, Staub saugen, Wäsche waschen – und dadurch Geld verdienen. Gesagt, getan. Zwischen Sommer 2000 und Januar 2001 putzt Luisa bis zu viermal in der Woche im Haushalt von Mocks.

Sie fühlt sich zunächst wohl bei ihm, spürt Geborgenheit und Zuneigung. Luisa genießt all das. Sie ist nicht wie daheim die ungeliebte Außenseiterin.

Ihr Vertrauen ist so groß, dass sie Guido Mocks sogar von sexuellen Kontakten des Stiefbruders mit ihr berichtet. Der wird im Mai 2001 deswegen zu einer Jugendstrafe von einem Jahr und drei Monaten verurteilt. Auch der Onkel soll sie missbraucht haben. Der bestreitet das. Gegen ihn ist ein Gerichtsverfahren eingeleitet. Über ein Urteil ist nichts bekannt.

Statt Luisa zu helfen, nutzt Mädchenfänger Mocks deren Lage für eigene sexuelle Bedürfnisse aus. Sein Einfallsreichtum scheint keine Grenzen zu kennen. An einem Tag im September 2000 ködert er das Mädchen mit einem Schreiben. Er sei schwer krank und müsse bald sterben. Die Behandlung sei zu teuer. Er könne nur geheilt werden, wenn ein zwölf Jahre altes Mädchen ohne Unterwäsche bei ihm ist, redet er dem Kind ein. »Du kannst mir helfen, wenn du dich ausziehst«, bettelt er. Luisa empfindet Mitleid. Sie geht ins Bad und kehrt, nur bekleidet in Unterwäsche und mit Socken, ins Wohnzimmer zurück. Mocks küsst das Mädchen und dringt mit seiner Zunge in den Mund ein. Danach muss sich das Kind die Schlüpfer ausziehen und sich in einen Sessel platzieren. Im Sessel und später im Bett im Schlafzimmer salbt und ölt Mocks an ihrem Unterleib herum. Schmerzen des Kindes halten ihn nicht ab. Er gibt ihr zum Abschied das versprochene Geld (10 bis 20 DM) und eine Kerze. Damit könne sie zu Hause unten herum üben, dann tue es nicht mehr weh, begründet er das Paraffin-Geschenk.

In den folgenden Wochen bis Ende Januar 2001 muss Luisa den inzwischen sechzigjährigen Mann mit Handlungen befriedigen, die für das Kind ekelhaft sind.

Es ist Zufall, dass im Januar 2001 das Mädchen seinem Peiniger entfliehen kann. Nach einem Diebstahl technischer Geräte in der Schule fällt der Verdacht auf Mocks. Luisa will Diebesgut bei ihm gesehen haben. Sie teilt das dem Schulleiter mit. Der informiert die Polizei. Ein Kriminalkommissar befragt Luisa. Dabei deutet sie erstmals den sexuellen Missbrauch durch Guido Mocks an. Noch am selben Tag wird die Wohnung von Mocks durch die Polizei durchsucht. Gefunden werden mehrere Porno-CDs und ein Kinderslip. Im Zuge weiterer Ermittlungen kommt heraus, dass der Tatverdächtige mindestens zwei Kindern aus der Nachbarschaft Pornofilme gezeigt und leichtere sexuelle Handlungen vollzogen hat. So forderte er von einem elfjährigen Nachbarsmädchen, sie solle sich zu ihm ins Bett legen und seine Frau spielen. Von einem weiteren Kind verlangte er, sie möge ihn in der Wanne baden.

Guido Mocks wird im Januar 2001 festgenommen. Sechs Monate später entlassen ihn Richter aus der Untersuchungshaft. Zu seinem Prozess, der im August 2001 vor dem Landgericht Cottbus beginnt, kommt Guido Mocks standesgemäß an Gehhilfen in den Gerichtssaal. Er bestreitet vor Gericht alle Taten. Auch an seiner Blindheit und Gebrechlichkeit hält er fest. Ärztliche Befunde geben dazu andere Aussagen.

Das Landgericht Cottbus verurteilt den Angeklagten im September 2001 wegen des sexuellen Missbrauchs von Kindern in acht Fällen zu einer Freiheitsstrafe von sieben Jahren und sechs Monaten. Nach dem Urteilsspruch wird der Angeklagte wieder in Untersuchungshaft genommen.

Mocks legt beim Bundesgerichtshof Revision ein. Kurz bevor das Cottbuser Urteil vom BGH bestätigt wird, kommt Guido Mocks wieder frei. Ein Richter hatte die Fortdauer der U-Haft außer Vollzug gesetzt. Der angeblich blinde und gehbehinderte Mädchenfänger setzt sich in seinen »Citroën« und flieht. Bemerkt hat das die Justiz erst, als ihm im Juli 2002 die Ladung zum Haftantritt nicht zugestellt werden kann. Lange wird zunächst in Deutschland nach ihm gesucht. Vergeblich. Erst als die Öffentlichkeit über die ZDF-Sendung »Aktenzeichen XY … ungelöst« einbezogen wird, gibt es erste Hinweise. Ein Kumpel hatte von Mocks einen Brief erhalten, der in Belgien abgestempelt worden war. Zielfahnder des Landeskriminalamts verfolgen die Spur des »schwerbehinderten und blinden Rollstuhlfahrers« über Belgien, Frankreich und England bis nach Spanien. Am 17. März 2003 wird er in der Nähe der andalusischen Küstenstadt Málaga festgenommen und einen Tag später in die Haftanstalt nach Cottbus gebracht.

IV. »Ich muss Dir was erzählen«

Frühjahr 2006. Auf dem Küchentisch in einer Cottbuser Wohnung liegt ein Brief. Die Schrift auf dem Papier ist ungelenk. Es ist die eines minderjährigen Mädchens, gerichtet an ihre Mama. *Ich muss Dir was erzählen,* steht da geschrieben. *Hannes will, dass ich seinen … küsse. Ich musste es immer wieder machen. Sei nicht sauer auf mich, schnauze mit Hannes,* bettelt die Zehnjährige.

Der Hilferuf der kleinen Julia bleibt ungehört. Die Mutter bemerkt nicht, wie sich Julia und ihre ein Jahr ältere Schwester Anette in ihrem Wesen verändern. Sie sind nicht mehr so lustig und unternehmungsfreudig wie noch vor Monaten, sondern ziehen sich mehr und mehr in sich zurück. Mutter Angelika Pohler konfrontiert ihren Lebensgefährten Hannes Körner mit dem Zettel von Julia. Der Mann bestreitet die ungeheuerlichen Vorwürfe als Spinnerei eines Kindes, das sich nur für die eine oder andere von ihm ausgesprochene Strafe wegen Ungehorsams rächen wolle. Die Frau glaubt ihrem Lebenspartner. Die Mutter hört nicht auf ihre Mädchen, die im Frühjahr 2006 zehn beziehungsweise elf Jahre alt sind.

So geht die Tortur weiter. Bereits seit zwei Jahren sind sie dem Mann an der Seite ihrer Mutter ausgeliefert, den sie vertraulich Hannes nennen sollen.

Dabei begann alles so harmonisch: Angelika Pohler und Hannes Körner lernen sich im März 2003 in einer Cottbuser Gaststätte kennen. Angelika ist nach der Trennung von ihrem Mann, dem Vater ihrer beiden Töchter Anette und Julia, alleinerziehende Mutter. Das ist kein einfacher »Nebenjob« neben dem beruflichen Alltag. Kein Wunder, dass es zwischen ihr und dem damals dreiunddreißig Jahre alten Hannes nicht lange braucht, bis es funkt. Nach ein paar Monaten des räumlich getrennten Zusammenseins zieht Hannes Körner im Jahr 2004 bei der Frau und ihren beiden Kindern in die Plattenbauwohnung in einem der gefragtesten Stadtteile von Cottbus ein. Die Mädchen sind zu dieser Zeit acht beziehungsweise neun Jahre alt. Hannes hilft der Frau, die er liebt, im häuslichen Alltag und nimmt auch auf die Erziehung der Kinder Einfluss. Den Mädchen fällt es nicht leicht, Hannes, dem neuen »Papa«, zu gehorchen, zumal der manchmal sehr streng sein kann. Dann wieder gibt er sich ganz zärtlich. Er legt sich zu den Mädchen ins Bett, kuschelt mit ihnen, fasst ihnen zwischen die Beine, reibt sich an ihnen. Er will, dass sie ihn an Stellen seines Körpers streicheln, die ihnen noch fremd und unheimlich sind. Sogar küssen sollen sie seinen »Pullermann«, der dann ganz groß wird.

Julia und Anette ekeln sich davor, doch immer wieder schleicht sich der fremde »Papa« unter ihre Bettdecken. Einmal. Zweimal. Viele Male. Sie sollen bloß nichts der Mama sagen, warnt er die Kinder. Das Kuscheln sei schließlich ihr Geheimnis. Mama werde bestimmt ganz böse, wenn sie davon erfährt.

Julia und Anette halten still. Sie schämen sich. Sie haben Angst. Sie wissen nicht, was mit ihnen geschieht und wem sie sich anvertrauen können. Einmal hat es Julia versucht, mit dem Brief an die Mutter. Die hat ihr nicht geglaubt. Sie hat dem neuen Mann an ihrer Seite mehr vertraut als ihren Kindern.

Drei Jahre lang müssen Julia und Anette die sexuellen Qualen ertragen. Im Januar 2007 können sie sich endlich von dieser psychischen und physischen Last befreien. Zu verdanken haben sie es ihren Lehrerinnen, einer Schulsozialarbeiterin und dem Cottbuser Jugendamt. Die Pädagogen bemerken einen unerklärlichen Leistungsabfall der einst lebhaften und wissbegierigen Schülerinnen. Sie sind in sich gekehrt, sprechen kaum noch mit Schulfreundinnen und Schulfreunden und ziehen sich mehr und mehr zurück. Nach einer Aufklärungsstunde in der Schule über Kinderpornografie fasst sich Julia ein Herz. Sie vertraut sich einer Freundin an. Hand in Hand gehen die beiden Mädchen zur Lehrerin. Die hört aufmerksam zu. Dann geht alles sehr schnell. Das Jugendamt und die Staatsanwaltschaft werden informiert. Das Amtsgericht Cottbus erlässt gegen Hannes Körner Haftbefehl. Eine Tante und der leibliche Vater der Mädchen übernehmen das Erziehungsrecht.

In der Untersuchungshaftanstalt ist Hannes Körner nach Einschätzungen der Justizangestellten »ein höflicher Gefangener«. Allerdings bleibt er die längste Zeit über lieber allein in seiner Zelle. Er verzichtet auf Freigang und nimmt auch nicht an Freizeitangeboten teil. »Aus Angst vor Mithäftlingen wegen seiner Taten«, wie es heißt. In der Häftlingshierarchie sind Sexualstraftäter in jedem Gefängnis auf der untersten Stufe angesiedelt.

Allein sein und verstecken möchte sich Hannes Körner am liebsten auch vor Gericht. Als er in Handschellen in den Verhandlungssaal des Cottbuser Landgerichts auf dem Gerichtsberg geführt wird, hat er die schwarze Kapuze seines Pullovers tief in die Stirn gezogen, so, als könne er sich dadurch unsichtbar machen. Nahezu ängstlich schaut sich der schmächtig wirkende Mann mit dem schmalen, dunkelblonden Kinnbart nach Kameraleuten, Fotografen, Prozessbeobachtern und Besuchern um. Die Kapuze muss er sich dennoch aus dem Gesicht ziehen, als die Richter der Jugendstrafkammer den Saal betreten. Als die Staatsanwältin die Anklage verliest, stützt sich der Mann mit der

Stirn auf den angewinkelten linken Arm. Neunundvierzig Taten zählt die Anklägerin auf. So oft soll er die Mädchen sexuell auf das Schlimmste missbraucht haben. Viele weitere Taten von Körner, begangen spätestens seit Anfang des Jahres 2004, waren nicht mehr zweifelsfrei zu ermitteln gewesen. Doch auch so ist nur schwer zu ertragen, was die beiden Kinder über sich ergehen lassen mussten. Der Mann nahm die Mädchen als seine Sexobjekte und habe »fast alles mit ihnen durchgeführt, was denkbar ist«, muss sich der Angeklagte von Staatsanwältin Martina Eberhart (Realname) anhören. Von verschiedenen Sexpraktiken ist die Rede bis hin zum vollendeten Geschlechtsverkehr. Mindestens einmal im Monat habe er sich an den Opfern sexuell vergangen, gesteht der Angeklagte. Vor allem Julia, die jüngere der Schwestern, musste immer wieder den Mann über sich ergehen lassen und seine perversen Forderungen erfüllen. Meistens geschah das früh oder nachmittags, wenn der arbeitslose Mann mit dem Kind allein in der Plattenbauwohnung war. War die Kleine mal nicht verfügbar, »begnügte« er sich mit der ein Jahr älteren Anette.

Selbst für die erfahrenen Richter der Jugendstrafkammer, für die sexueller Missbrauch von Kindern und Jugendlichen nahezu zum Gerichtsalltag gehört, ist der Fall außergewöhnlich. Die Vielzahl verbrecherischer Taten gleich an zwei Mädchen sei jedoch die Ausnahme, bekennt die Vorsitzende Richterin.

Für die Exzesse nennt Hannes Körner übermäßigen Alkoholgenuss als Auslöser. Das Gericht nimmt ihm das nicht ab. »Es muss etwas in Ihrem Kopf geschehen«, fordert die Richterin in ihrer Urteilsbegründung. Es sei überhaupt nicht absehbar, ob bei den Kindern die psychischen Verletzungen ausheilen werden. Sexueller Missbrauch wirke sich häufig erst aus, wenn die Kinder erwachsen sind, weist sie auf mögliche Spätfolgen hin.

Das Landgericht Cottbus verurteilt den inzwischen siebenunddreißigjährigen Hannes Körner wegen des schweren sexuellen Missbrauchs der Mädchen zu sechseinhalb Jahren Freiheitsentzug. Mit einem umfassenden Geständnis hatte der perverse Mann den Kindern wenigstens erspart, mit Aussagen vor dem Gericht noch einmal das jahrelange Martyrium durchmachen zu müssen. Zudem hatte er sich verpflichtet, 10.000 Euro Schmerzensgeld zu zahlen. Diese »Flucht nach vorn« hat ihn vor einer härteren Strafe von bis zu fünfzehn Jahren Freiheitsentzug bewahrt.

Und Angelika Pohler, die Mutter der Mädchen, die den Hilfeschrei ihrer jüngsten Tochter in dem Brief missachtet hatte? Vielleicht hat sie, damals, im Frühjahr 2006, als sie das Papier gelesen hatte, ihren Lebenspartner »angeschnauzt«, wie Julia gebettelt hatte. Dass Hannes Körner noch lange Zeit die Mädchen als Sexobjekte missbrauchen konnte, hat sie nicht verhindert. Dafür muss auch sie sich vor Gericht verantworten. Angelika Pohler wird zu einer Freiheitsstrafe von neun Monaten verurteilt. Das Gericht setzt die Strafe zur Bewährung aus.

Anhang

Um Interessenten die Recherche für eine wissenschaftliche Aufarbeitung zu erleichtern, sind nachfolgend den im Buch geschilderten Kriminalfällen die Aktenzeichen (Az), so sie bekannt sind, von Urteilen der Gerichte und der Staatsanwaltschaften zugeordnet:

1. Rasender Hass
Az: nicht bekannt

2. Der rosa Riese
Az: 2013 Js 2013/91 StA Potsdam

3. Mord in der Nervenklinik
Az: I BS 22/81 BG Potsdam / 131-5.81 StA Potsdam

4. Aufgelauert. Vergewaltigt. Ausgesetzt.
Az: 131-88/90 StA CB

5. Der Friedhofsmörder
Az: I BS 8/79 BG FFO / 131-6-79 StA FFO

6. Eifersucht
Az: 006/90 BG CB

7. Raubmord in Meyenburg
Az: 359 Js 15420/07 StA Neuruppin /
11 Ks 359 Js 15420/07 1707 LG Neuruppin

8. Martyrium im Zugabteil
Az: 15c Js 123/91 StA CB / 1 Kls/8092 BG CB

9. Dunkle Mächte
Az: 13/85 BG Potsdam

10. Von der Wiege bis zum Grab
Az: 21 Ks 1/11 LG CB / 1560 Js 662/10 StA CB

11. Das Skelett am Fuchsbau
Az: 131-101-87 StA Potsdam / BS 5/88 BG Potsdam

12. Bizarre Beziehungen
Az: 131-17-90 StA Potsdam /
1 Kls 45/91 BG P / 5 StR 61/92 BGH

13. Das Feuerdrama von Cottbus
Az: 21 Ks 4/01 LG Cottbus

14. Tödliche Verführung
Az: Bs 6/86 BG P / 131-55.86 StA Potsdam

15. Leichenfund im Gully
Az: I BS 7/68 StA FFO / B I 3/68 BG FFO

16. Die Leiche im Kanalisationsrohr
Az: 21 Ks 9/97 LG CB / 560 Js 1/97 StA CB

17. Die Toten im Oder-Havel-Kanal
Az: 131-39-89 StA Potsdam / 1 Bs/390 BG Potsdam

18. Tod und Gewalt
Az: Bs 7/88 BG P / 21 Ks 23/96 und
86 Js 356/95 StA Potsdam

19. Herzstich
Az: 1 Ks 3/91 BG Potsdam

20. Die missbrauchten Kinder

I. Der Fall Leonard L.
Az: 23 Kls 14/95 LG Cottbus / 95 Js 47/95 StA CB

II. Kriminelle Fürsorge
Az: 23 Kls 12/01 LG CB / 1250 Js 16358/99 StA CB

III. Der »blinde« Mädchenfänger
Az: 23 Kls 16/01 LG Cottbus /
1250 Js 4471/01 StA CB / 1250 Js 23901/01

IV. »Ich muss Dir was erzählen«
Az: nicht bekannt

Die besten Fälle!

Staffel 23 des Krimi-Klassikers!

BILD UND HEIMAT

Blutiger Osten – Bände 67 – 69
Spannend, authentisch, spektakulär – die beliebte Reihe »Blutiger Osten« hat schon viele Krimi-Fans begeistert. Hier gibt es außergewöhnliche Verbrechen aus der DDR im Dreierpack!

- **3 Bände im Sparpaket,** *656 Seiten, Sonderausgabe bei uns, ISBN 978-3-95958-347-3* **19.99**

Überall im Handel oder jetzt bestellen unter:
✆ 01805 / 30 99 99
(0,14 €/Min., Mobil max. 0,42 €/Min.)